JN023768

得意を活かす英単語帳シリーズ Ⅵ

for テニスファン・テニス部員

テニスから学べる らくらく英単語読本

TOEIC対応！500語収録

小林一夫

Kazuo Kobayashi

Parade Books

読者の方々へ

「意外で面白いキャッチコピー」をまず読もう

　一般的に言って、英単語の本を最後まで読み通すことは難しいといってよいでしょう。一つの英単語をマスターする、1ページ読むだけでもかなりのエネルギーが必要となります。

　このため本書では、最初に日本語のキャッチコピー（四角で囲った部分）を置き、テニスで日常的に使われているカタカナ語の一般的な英語の意味をはじめとして、その変化形、類語などをエピソード的に紹介しています。まず、ここから読んでください。これならかなり簡単ですが、それでも相当に大きなご利益があります。多くの単語の意味をイメージ的にも掴むことができ、テニス用語に対する理解、関連する常識・ウンチクも大いに深まるでしょう。

　その上で、興味や理解に応じて、英単語やその用例が記載されている部分に進んでいただければよいです。

　さらに、付け加えれば、英単語には使用頻度が明示されていますので、初学者は※印の基本単語に、大学・TOEIC受験者などは☆印の重要単語に重点的に取り組んでいただきたいと思います。

　またいうまでもなく、英単語の意味は大方多様ですが、ここでは、最初に記載されたものをしっかりと理解していただければと思います。

　また、動詞などは多くは自動詞・他動詞がありますが、ここでは多く使われるものを基本としています。

　著者としては、読者が、テニスで使われているカタカナ語が意外にも多くの重要単語とつながっていることに驚き、最終ページまで行き着くことを何よりも念願する次第です。

　余談ともなりますが、本書に収録されている英単語は、500語余りあります。これを電話番号のように機械的に記憶するには、超人的な努力を要することは言を待ちません。

著者　小林一夫

注）単語の重要頻度　　※ … 基本単語　　☆ … 重要単語　　★ … 次位重要単語

目次

1 プレー関連

001 サーブ ── プレーの際、攻撃する側が始めに球を打ち出すこと（サービスとも言う）。ちなみに、サーブの制限時間は20秒と決められている

> サーブは「仕える・供する」、サービスは「奉仕」、サーバントは「召使」、サーバー（給仕・皿）である。余談ともなるが、古くは、サービスは単にラリーを開始するための便宜上のもので、召し使いなどプレーヤー以外の人によりボールがコートに供されていたと推定される。

※ serve [サ〜ヴ]

(他動・自動) **仕える、供する**

No man can serve two masters.
だれも二君に仕えることは出来ない。
serve a tea　お茶を出す

(名) **(スポーツ)サーブ**

(語源) serve（仕える、役に立つ）

(類語)

☆ deserve [ディザ〜ヴ]「de（強意）：serve（役に立つ）＝充分に役に立つ」

(他動・自動) **〜に値する**

deserve sympathy　同情に値する

── ※ service [サ〜ヴィス]

(名) **奉仕、供給、(スポーツ)サーブ**

a public service　社会奉仕
the telephone service　電話業務

── ☆ servant [サ〜ヴァント]

(名) **召し使い・使用人**

a servant of God　神のしもべ

★ server [サ〜ヴァ]

　名 給仕人、皿

　servile [サ〜ヴァル]

　　形 奴隷的な・ひくつな

　　the servile class　奴隷階級

　　servitude [サ〜ヴァテュード]

　　　名 奴隷状態

　　　penal servitude　懲役

☆ sergeant [サーヂャント]

　名 軍曹、巡査部長

002 フラット（サーブ）── 球をラケットの面に直角に当てて打つサーブ。打球が強くスピードがある

フラットは「平らな」とあっけないが、これが音符のフラットと同じであることはチョット気が付くまい。音を「平らかにする」のだ。フラッターとなれば「お世辞を言う」だ。心を平らかにするのである。近年、「フラットな社会」が注目されていることも念のため付け加えておこう。

※ flat [フラァット]

　形 平らな、単調な、（音楽）変音の・フラット

　　as flat as a pancake　大変平べったい

　　a flat lecture　面白くない講義

　副 率直に、ちょうど

　　I tell you flat.　率直に申します。

　　He ran the race in 12 seconds flat.

　　　彼はそのレースを12秒フラットで走った。

　名 平面

the flat of the hand 手のひら

★ **flatter**［フラァタ］「滑らか（平らに）する、平らな手で愛撫（あいぶ）するの意」

(他動・自動) **お世辞を言う**

She was flattered to ruin. 彼女はおだてられて破滅した。

003 スピン（サーブ）── 球を下から上につよくこすり上げ、球に順（縦）回転をかけ
たサーブ

スピンは「回転、紡ぐ・回転させる」だ。スピンニングとなれば「紡
績」、スピンドルは「（機械の）軸」である。初めて国産のスピンド
ルを開発した有力な機械メーカー、「日本スピンドル」をご案内の
向きもあろう。

☆ spin［スピン］

(他動・自動) （spun, spun）**紡ぐ、回転させる**

spin cotton into yarn 綿を紡いで糸にする

spin a top こまを回す

(名) **回転**

fall in a spin くるくる回りながら落ちる

── ★ **spinning**［スピニング］

(名) **紡績、（形容詞的に）紡績の**

a spinning machine 紡績機

── **spinster**［スピンスタ］

(名) **紡ぎ女、未婚婦人・オールドミス**

── ★ **spindle**［スピンドル］

(名) （機械の）**軸・スピンドル**

004 スライス（サーブ）── 球の側面をつよくカットし、球に横回転をかけたサーブ。
飛びながらカーブし、相手のフォア側に滑るように低くバ
ウンドする

スライスは「薄切りにする、（薄く切った）一切れ」、スライサーは
台所によくある用具だ。チャイナドレスの特徴であるスリット（細長
い切り口）もこれにつながっている。

☆ slice ［スライス］

    名 （薄く切った）一切れ、一部分

    a slice of bread　パン一切れ

    a slice of the work　仕事の一部

    他動・自動 薄切りにする

    Slice the cake in two.　そのケーキを二つに切りなさい。

── slicer ［スライサ］

    名 薄く切る人(物)

└─ ★ slit ［スリット］

    他動 細長く切る

    slit wood into strips　木を幾すじかに細長く切る

    名 細長い切り口・スリット

005 （サービス）エース ── サーブによる得点

エースは「最優秀者・（トランプの）1の札、（サイコロの）一の目」
だ。野球のエースは分かりやすい用例だろう。「切り札」となる投
手を指している。サッカーではエースストライカーとなる。

☆ ace ［エイス］

    名 （トランプの）1の札・（サイコロの）1の目、ピカー・最優秀者

    the ace of spades　スペードの1

have an ace up one's sleeve　最後の切り札を持つ

006 フォールト ── サーブを失敗すること。2度失敗するとダブルフォールトで、失
点とる

> フォールトは「失敗」、フェールは「失敗する」だ。デフォルトなれ
> ば、金融の世界では致命的な「債務不履行」となる。返済の失敗で
> ある。

☆ **fault**［フォールト］
　　名 欠点、誤り
　　No man is without faults.　欠点のない人はいない。
　　There are a lot of faults in your paper.
　　　君の答案には間違いがたくさんある。
── ☆ **fail**［フェイル］
　　　自動・他動 失敗する、不足する、衰える
　　　He failed in the examination.　彼は試験に失敗した。
　　　Our food will soon failed.　食糧はまもなく不足するでしょう。
　　　His health failed.　彼の健康は衰えた。
　　── ☆ **failure**［フェイリャ］
　　　　名 失敗
　　　　The plan ended in failure.
　　　　　その計画は失敗に終わった。
── ☆ **false**［フォールス］
　　形 間違っている、偽りの
　　a false idea　間違った考え
　　false tears　そら涙
── ★ **default**［ディフォールト］
　　名 (義務・債務などの)**不履行・怠慢**
　　in default of　〜がない場合には

007 レシーブ ── 相手のサーブを打ち返すこと

> レシーブは「受け取る」だ。レシート (領収書)、レシーバー (受信装置)、レセプション (歓迎会) などと変化する。「とる、つかむ」の意のceiveを語源とする言葉で、コンシーブとなれば「考える」、ディシーブは「だます」、パーシーブは「〜に気づく」である。コンセプト (概念) やパーセプションギャップ (認識ギャップ) などは時として耳にする言葉である。

※ receive [リスィーブ]

他動・自動 受け取る

receive a gift　贈り物を受け取る

語源 re−back：**ceive**−take(とる、つかむ)＝取り戻す、受け取る

類語

☆ conceive [コンスィーブ]「con−together(共に)：ceive(とる)→(考え・意見などを)心に抱く」

他動・自動 考える・考えつく

conceive it (to be) true　それを本当だと思う

── ☆ concept [カンセプト]

名 概念・コンセプト

── ☆ conception [コンセプション]

名 考え

in my conception　私の考えでは

★ deceive [ディスィーヴ]「de−away(向こうへ)：ceive(とる)→相手の心をとり去る→だます」

他動・自動 だます・あざむく

deceive one's friend　友人をだます

☆ perceive [パスィーヴ]「per−thoroughly(徹底的に)：ceive(つかむ)→十分につかむ、気づく」

他動 ～に気付く・～が分かる

I perceived him (to be) an honest man.

彼が正直な人であることが分かった。

── ☆perception［パ**セ**プション］

名 知覚・知覚力

a man of keen perception　知覚力の鋭い人

── ★receipt［リ**ス**ィート］

名 領収証・レシート、受領

sign a receipt　領収証にサインする

── ★receiver［リ**ス**ィーヴァ］

名 受取人、受話器・受像機・レシーバー

the receiver of the telegram　電報の受取人

── ★reception［リ**セ**プション］

名 歓迎会・レセプション、受け入れること

a hearty reception　心からの歓迎

008 リターン ── 返球

リターンは「返す・帰る、返却」である。ボクシングのリターンマッチが分かりやすい用例であるが、最近では「収益」の意味で使われるケースが多い。言うまでもなく、この語源はターン（回転する・曲がる、回転、曲がり角）である。ターニングとなれば「曲がり角」、リターニーは大方「帰国子女」である。

※return［リ**タ**～ン］

自動・他動 帰る・返す

return home　帰宅（国）する

名 帰り、返却、収益・報酬

on his return　彼が帰ると

I asked him the return of the book.

彼に本を返してくれとたのんだ。

give a return　報酬を出す

※**turn** [タ〜ン]

(他動・自動) **回転させる、曲がる、変える**

turn a handle　取手を回す

turn a street corner　町かどを曲がる

turn water into ice　水を氷に変える

(名) **回転、曲がりかど、変化、順番**

the turn of a wheel　車輪の回転

No Left Turn.　左折禁止（掲示の文句）

the turn of the tide　潮の変化、形勢の逆転

My turn has come.　私の番が来た。

★**turning** [タ〜ニング]

(名) **曲がりかど**

It is a long lane that has no turning.

待てば海路の日よりあり。《諺》

returnee [リタ〜ニー]

(名) (旅行などから)**帰った人、復学者、帰国子女**

009 カバー ── 相手のボールが来る範囲を守ること

カバーは「おおう・おおい」だ。本のカバーが分かりやすい用例だろう。ディスカバーとなれば、おおいを取るから「発見する」である。やや専門的となるが、カバレッジとなると「適用範囲」で、報道や金融の分野で使われている。

※**cover** [カヴァ]

(他動) **おおう、〜にわたる**

Your face is covered with dust.　君の顔はほこりだらけだ。

The campus covers 900 acres.

大学の構内は900エーカーに及ぶ。

名 おおい、表紙

The box has no cover. その箱はふたがない。

The cover of the book is red. その本の表紙は赤い。

語源 cover（おおう）

類語

※ discover [ディス**カ**ヴァ]「dis－away（取る）：cover（おおい）＝おおいを取り除く→発見する」

他動 発見する、気が付く

The Curies discovered radium.

キュリー夫妻がラジウムを発見した。

I discovered him to be a liar. 私は彼がうそつきだと分かった。

── ☆ discovery [ディス**カ**ヴァリ]

名 発見

He made an important discovery.

彼は重要な発見をした。

── ★ discoverer [ディス**カ**ヴァラ]

名 発見者

── ☆ coverage [**カ**ヴァリッヂ]

名 （新聞・テレビの）報道・適用範囲

speedy news coverage 迅速なニュース報道

010 ストローク ── ラケットで球を打つ動作全般をいい、大別してグランドストロークとボレーに分けられる

ストロークは「打つこと・一打・一動作」、ストライクは「打つ、打つこと」だ。野球のストライク、労働争議のストライキも同じであ

る。ストライカーとなればサッカーの点取り屋だ。

☆ **stroke** [ストロウク]

　　名 打つこと・一打、一動作

　　　at a stroke　一撃で、一挙に
　　　a stroke of a piston　ピストンの一動き

──※ **strike** [ストライク]

　　　他動・自動 (struck, struck)打つ、ぶつける、人の心を打つ

　　　　He struck me on the head.　彼は私の頭をなぐった。
　　　　He struck his head against the door.
　　　　　彼はドアに頭をぶつけた。
　　　　A good idea struck me.　よい考えがふと心に浮かんだ。

　　　名 打つこと、ストライキ、(野球)ストライク

　　　　I heard the strike of the clock.
　　　　　時計の打つ音が聞こえた。
　　　　be on (a) strike　ストライキをしている

──☆ **striking** [ストライキング]

　　　　形 目立つ・著しい

　　　　　a striking dress　人目をひくドレス

011 グランド（ストローク）── 球がコートの地面に一度はずんでから打ち返す打法

グランドは「地面・土地」だ。学校の「運動場」でもある。バックグラウンド、アンダーグランウンド（アングラ）は分かりやすい用例だろう。グラウンダーとなれば野球のゴロである。これはチョット気が付くまい。

※ **ground** [グラウンド]

　　名 地面、運動場、根拠・基礎

　　　poor ground　やせた土地

a football ground　フットボール競技場

on economic grounds　経済的理由で

他動・自動 〜に根拠を置く

The novel is grounded on facts.　この小説は事実に基づいている。

─ **grounder** [グラウンダ]

名 (野球)ゴロ

012 ライジング・ボール(ストローク) ── バウンドして跳ね上がろうとしているボールを打ち返す打法。相手に余裕与えず、スピードのある返球が出来る

ライジングは「上がる・新進の」、ライズは「昇る、上昇」だ。ライジン・サンとなれば「朝日」である。一見して簡単なボールもバルーン(気球)、ブレット(弾丸)、バァロット(投票)などと結構変化する。

☆ **rising** [ライズィンク]

形 上がる、新進の

the rising sun　昇る朝日

a rising young politician　新進気鋭の若い政治家

─ ※ **rise** [ライズ]

自動 (rose, risen)昇る、立ち上がる

The sun rises in the east.　太陽は東から昇る。

rise to one's feet　立ち上がる

名 上昇

a rise in the price of oil　石油の値上がり

※ **ball** [ボール]

名 玉・球、野球

a snow ball　雪の玉

play ball　野球をする、(野球の試合を)開始する

── ☆**balloon** [バルーン]「－oon(大きなものを示す接尾辞)」

　　　名 **軽気球・気球**

　　　　　　an advertising balloon　アドバルーン(広告気球)

── ☆**ballot** [バァロット]「秘密投票を行う際に用いられた小さな球が原義」

　　　名 **投票用紙・(無記名)投票**

　　　　　　take a ballot　投票を行う

── ☆**bullet** [ブレット]「－et(小さなものを示す接尾辞)」

　　　名 **弾丸・小銃弾**

013 ボレー ── 球がコートにはずむ前に直接打ち返す打法

ボレーは「一斉射撃・(質問などの) 連発」だ。サッカーのボレー、
バレーボールのバレーも同じである。

★**volley** [ヴァリ]

　　名 **一斉射撃・(質問などの)連発、(サッカーなどの)ボレー**

　　　　a volley of question　矢つぎばやの質問

── ★**volleyball** [ヴァリボール]

　　　名 **バレーボール**

014 ポーチ ── ダブルスでパートナー側の打つべき球を横から飛び出して行うボレー

ポーチは「侵入する」だ。確かに感じが出ている。ポウチャとなれ
ば「侵入者・密猟者」である。

★**poach** [ポウチ]

　　自動・他動 (畑などに)**侵入する**

　　　　poach on a neighbor's land　隣人の土地に侵入する

── **poacher** [ポウチャ]

　　　名 **侵入者、密猟者**

015 スマッシュ ── 高く上がった球を頭上からたたきつけるように打つこと

> スマッシュは「打ち砕く・粉砕」だ。マッシュとなれば「すりつぶす」
> である。マッシュポテトはお馴染みだろう。同じような擬声語としてク
> ラッシュ（衝突）、ダッシュ（突進）などがあることを紹介しておこう。

☆ smash [スマァッシュ]

他動・自動 打ち砕く・打ち破る

smash the enemy　敵をやっつける

名 粉砕、激突

come to smash　つぶれる

the smash of two automobiles　2台の自動車の衝突

語源 擬声音

類語

☆ crash [クラァッシュ]

自動・他動 砕ける・衝突する

crash into　～に衝突する

名 ガチャンという音、衝突

The dishes fell with a crash.　皿がガチャンと落ちた。

a car crash　車の衝突

☆ clash [クラァッシュ]

名 （金属などの）ガチャンという音、衝突

a clash of cymbals　シンバルのじゃんと鳴る音

a clash of opinions　意見の衝突

☆ dash [ダァッシュ]

自動・他動 突進する、衝突する

dash along the street　通りを突進する

High waves dashed against the ship.

　高波が船にぶつかった。

（名）突進、短距離競走、句読点・ダッシュ

make a dash for the goal　ゴールに突進する

a 100-meter dash　100メートル競走

at a dash　一気に

★mash［マァッシュ］

（他動）すりつぶす

mashed potato　マッシュポテト

（名）もやし汁

016 ドロップ・ショット ── 球の後ろ側をなでるようにこすり、逆回転をかけてネット
際に落とす打法、打球

ドロップは「しずく・落下、落とす」だ。飴玉のドロップは結構である
が、ドロップアウト（中途退学者）はいただけない。ドリップとなれば
「したたり、したたる」で、近頃は、ドリップコーヒーの愛用者が多
いと聞く。ショットは「打つこと・発射」、シュートとなれば「打つ」で
ある。ショットはゴルフ、シュートはサッカーでお馴染みだろう。

※drop［ドゥラップ］

（名）しずく、落下、ドロップ（あめ玉）

a drop of rain　雨のしずく

a drop in prices　値下がり

（他動・自動）たらす、落とす

drop lemon juice into the tea　紅茶にレモンの汁をたらす

drop one's voice　声を落とす

（語源）drop（しずく、したたる）

（類語）

☆drip［ドゥリップ］

【自動・他動】（液体が）**したたる**

a dripping face　汗の流れている顔

【名】**したたり**（の音）

the drip of the rain　雨だれの音

☆ droop [ドゥループ]

【自動・他動】**たれる・うなだれる**

Her head drooped.　彼女はうなだれた。

─── ★ droplet [ドゥラップリット]

【名】**小さなしずく**

─── ★ dropout [ドゥラップアウト]

【名】**中途退学者・脱落者・ドロップアウト**

☆ shot [シャット]

【名】**発射、弾丸、撮影、(球技) 投げ・打ち**

I heard a shot.　私は銃声を聞いた。

fire a shot　弾を撃つ

a long shot　遠写し・ロングショット

─── ※ shoot [シュート]

【他動・自動】(shot, shot) **撃つ、放つ、(映画を) 撮影する、ゴールに**
シュートする

shoot a lion　ライオンを撃つ

He shot questions at her.　彼は彼女に質問をあびせた。

shoot a scene for a war film

　戦争映画のために一場面を撮影する

017 ロビング ── 相手の頭上を越えてコートの端に落ちるように打ち上げた高くて
ゆるい球で、ロブとも言う

ロブは「(テニス、卓球などで) ボールを高く打ち返す」ことだ。ゴ

ルフのロブショットも同じである。

★ lob [ラブ]

　（他動・自動）（テニス・卓球）ボールを高く打ち返す

　（名）（テニス・卓球）ロビングボール

018 オフェンシブ（ロブ）── 攻撃的なロブ。ネットの近くにいる相手に対し、トップ・スピンをかけるなど、守りのロブよりも低くて、速い球が用いられる

オフェンシブは「攻撃的な・無礼な」、オフェンスは「攻撃」、オフェンドは「害する」である。この反対として、ディフェンシブ（防御的な）、ディフェンス（防御）、ディフェンド（防ぐ）を挙げておこう。言うまでもなく、ディフェンスとオフェンスはバスケットボールの基本である。やや余談ともなるが、関連語としてフェンス（垣根）、フェンシング（剣術）、フェンダー（自動車の泥除け）を挙げておこう。

☆ offensive [オフェンスィヴ]

　（形）不快な・無礼な、攻撃的な

　　Don't use offensive words.　失礼な言葉を使うな。

　　offensive weapons　攻撃兵器

── ☆ offend [オフェンド]

　　　（他動・自動）怒らせる、罪を犯す・（慣習などに）反する

　　　I am sorry if I've offended you.

　　　お気にさわりましたらごめんなさい。

　　　offend against good manners　正しい作法に反する

（語源）of－against（〜向って）：fend（打つ）＝〜を打つ

（類語）

☆ defend [ディフェンド]「de－away, from：fend（打つ）」

20

他動・自動 **防ぐ**

The father defended his child from danger.
父親は子供を危険から守った。

──☆ **defence** 英、**defense** 米 [ディフェンス]

名 **防御、弁明**

national defence　国防

──☆ **defensive** [ディフェンスィヴ]

形 **防御の・守勢の**

defensive works　防御工事

──★ **defender** [ディフェンダ]

名 **防御者・(競技)選手権保持者**

★ **fend** [フェンド]「defend の頭音が消失したもの」

自動・他動 **よける・受け流す**

fend off a blow　打撃をかわす

── **fender** [フェンダ]

名 **(自動車の)泥よけ・フェンダー**

☆ **fence** [フェンス]「defence の頭音が消失したもの」

名 **さく・塀(へい)、フェンシング**

sit on the fence　形勢を見る、日和見する

他動 **垣根をつくる・囲う**

fence the field　畑に柵をめぐらす

──★ **fencing** [フェンシング]

名 **フェンシング・剣術**

──☆ **offense** 米、**offence** 英 [オフェンス]

名 **違反・罪、立腹、攻撃**

an offense against God　神に対する罪

take offense at　〜を見て立腹する

Offense is the best defense.　攻撃は最大の防御。

──☆ **offender** [オフェンダ]

名 違反者・犯罪者

a first offender　初犯者

019 パッシング（ショット）── 相手の左右のわきを抜く打法。パスとも言う

バッシングは「通過する」、パスは「通る、許可証」だ。サッカーの
パスが分かりやすい用例だろう。パッセージとなれば「通行」、パッ
センジャーは「乗客」である。さらに、サパスとなれば「～を超え
る」、トレスパスとなれば「侵入する」だ。パスポート（旅券）、パス
ワード（合言葉）、コンパスなどはお馴染みだろう。

☆ passing [パァスィング]

形 通過する、つかの間の

a passing cloud　流れる雲

passing joys　つかの間の喜び

── ※ pass [パァス]

自動・他動 通る、去る、合格する、（ボールを）パスする

pass across a bridge　橋を渡る

The pain has passed.　痛みがなくなった。

pass in the examination　試験に合格（パス）する

名 許可証・パス、山道、送球（パス）

a free pass　無料入場券

a mountain pass　山道

a clever pass to the forward

　フォーワードへの巧妙なパス

語源 pass（通る）

類語

★ surpass [サパァス]「sur－beyond（～を越えて）：pass（通る）＝超える」

他動 ～にまさる、～を越える

He surpasses me in mathematics.

彼は数学で私にまさっている。

My marks surpassed expectation.

私の成績は予想以上だった。

★ **trespass** [トレスパス] 「tres − across(横切って)：pass(通る)→侵入する」

自動 (他人の土地へ)**侵入する**、(他人の権利を)**侵害する**

You must not trespass on another's land.

君は他人の土地に侵入してはいけない。

They trespassed on my rights.　彼らは私の権利を侵害した。

☆ **passport** [パァスポート] 「pass(通る)：port(港)＝旅行免状」

名 **旅券・パスポート**

get a passport　旅券を取る

★ **password** [パァスワード] 「pass(通る)：word(言葉)」

名 **合言葉・パスワード**

★ **pastime** [パァスタイム] 「pass(通る)：time(時)」

名 **気晴らし・娯楽**

Painting is a good pastime.　絵を描くことは良い気晴らしになる。

★ **compass** [カァンパス] 「com − together(共に)：pass(通る)」

名 **周囲、羅針盤、(製図用の)コンパス**

fifty miles in compass　周囲50マイル

the points of compass　羅針盤の方位

└─ ★ **encompass** [エンカンパス]

他動 **囲む・包囲する**

└─ ☆ **passage** [パァセッヂ]

名 **通行、通路、航海・旅、(文の)一節・楽節**

No passage this way.　この道通るべからず。

a passage through a building　建物の中の通路

a smooth passage　平穏な航海

a passage from the Bible　聖書の一節

└─ ☆ passenger [パァセンヂャ]

名 乗客・旅客

a passenger train　旅客列車

020 アプローチ（ショット）── ネットにつくための打球。相手の打ちにくい深いボールを送ることがポイント

アプローチは「接近、近づく」だ。ゴルフでも同じである。建物などへの取り付けや道路などにも用いられているが、異性へのアプローチにはくれぐれも注意が必要と申し上げておこう。

☆ approach [アプロウチ]

名 接近、近づく道

with the approach of summer　夏が近づくにつれて

all the approaches to the city　その町に通じるすべての道

他動・自動 近づく、とりかかる

approach a city　町に近づく

approach a problem　問題にとりかかる

語源 ap‒to：proach‒near（近く）

類語

☆ approximate [アプラクスィメット]「ap‒to：proxim‒nearest：ate（形容詞・動詞語尾）」

自動・他動 接近する

The number approximates to one hundred.

その数はほぼ百に近い。

形 近似の

the approximate number　概数

└─ ☆ approximately [アプラクスィメトリ]

副 おおよそ

★reproach [リプロウチ] 「re−back：proach−near＝近くに持ってくる→
（非難などを）なげかける」

他動 非難する

He reproached me with laziness.
彼は私をものぐさだといって非難した。

名 非難

lead a life without reproach
非難されるところのない生活を送る

---

021 プレースメント ── 相手の打ちにくい場所など、狙ったところに球を打ち込むこと

プレースメントは「配置・採用」、プレースは「場所、置く」だ。近年では入学時にクラス分けのためプレースメント・テストを行う大学もあると聞く。さらに、プレースメント・オフィスとなれば「大学などの就職課」である。まあ、ゴルファーならボールのリプレイス（置き直す・取り替える）はお馴染みだろう。

☆placement [プレイスメント]

名 配置・置くこと、採用

placement agency　職業紹介所 ⊛

── ※place [プレイス]

名 場所、座席、職

one's native place　故郷
take one's place　着席する
lose one's place　職を失う

他動・自動 置く

I am placed in a difficult position.
私はむずかしい立場に置かれている。

25

語源 place（置く）

類語

☆ replace [リプレイス]「re − again（再び）：place（置く）」

　他動 返す、取り替える

　　Please replace the book on the desk.

　　　本を机の上にもどしなさい。

　　Oil has replaced coal.　石油が石炭に取って代わった。

☆ displace [ディスプレイス]「dis − apart（離れて）：place（置く）＝置いたも

　のの場所を変える」

　他動 置き換える・取って代わる

　　The streetcar was displaced by the bus.

　　　市街電車はバスに取って代わられた。

└─ ★ displacement [ディスプレイスメント]

　　名 置き換え・免職

---

022 コース ─ 打球の進路

コースは「進路」、打球の進む道である。「走る」の意の cur を語源
とする言葉で、コンコースとなれば人が集まる中央広場、インター
コースとなれば「交際・交流」である。さらに、オカ～となれば「起
こる」、インカ～となれば「招く」である。金融には不可欠なカレン
シー（通貨）も付けておこう。

※ course [コース]

　名 進路、進行、（競技などの）コース・（定食の）一品・コース

　　The ship changed its course.　船は進路を変えた。

　　the course of history　歴史の流れ

　他動・自動 早く走る・（液体が）勢いよく流れる

　　Tears coursed down her cheeks.　涙が彼女のほほを流れ落ちた。

語源 cour－run（走る）より

類語

☆ **concourse** [カンコース]「con－together（共に）：course（走る）＝走り
集まる→合流」

　　名 （人・物の）**集まり、中央広場・コンコース**

　　　　at the concourse of two rivers　二つの川の合流点

☆ **intercourse** [インタコース]「inter（中を）：course（走る）→交際」

　　名 **交際・交流**

　　　　the cultural intercourse between the two nations
　　　　両国間の文化交流

★ **discourse** [ディスコース]「dis－from：course（走る）＝いったり来たりす
る→会話」

　　名 **講演、会話**

　　　　in discourse with　～と語り合って

☆ **incur** [インカ～]「in－into：cur－cour（走る）＝ある状態に走りいる→陥る」

　　他動 （危険・損害などを）**招く・受ける**

　　　　incur losses　損害を受ける

☆ **occur** [オカ～]「oc－toward：cur（走る）＝～の方に走る、～の方にやってく
る→起こる、浮かぶ」

　　自動 **起こる、思い浮かぶ**

　　　　A big earthquake occurred in Tokyo in 1923.
　　　　　1923年東京に大地震が起こった。

　　　　A bright idea occurred to me.　すばらしい考えが浮かんだ。

　──☆ **occurrence** [オカ～ランス]

　　　　名 **発生、出来事**

　　　　　　the occurrence of a fire　出火

　　　　　　an everyday occurrence　日常よくある事

☆ **current** [カ～レント]「curr（走る）：ent（形容詞語尾）＝流れている」

　　形 **通用する、現在の**

current money　通貨

current English　時事(現代)英語

(名) 流れ、時勢の流れ

a cold current　寒流

the current of public opinion　世論の動向

└── ☆**currency** [カ～レンスィ]

　(名) 通用、通貨

　　words in common currency　一般に通用している語

　　paper currency　紙幣

★**excursion** [イクスカ～ジョン]「ex－out：curs(走る)：ion(名詞語尾)＝外へ走り出る」

　(名) 遠足・観光旅行

　go on an excursion　遠足に行く

└── **courser** [コーサ]

　(名) 駿馬・馬

023 ストレート ── コートのサイドラインにそって、真っ直ぐに打たれた打球。ダウン・ザ・ラインとも言う

ストレートは「まっすぐな」だ。野球やボクシングで多用されているが、ストレッチとなると「伸ばす、伸び」となる。陸上競技のホームストレッチ、健康法のストレッチは分かりやすい用例だろう。ストレッチャーとなれば担架である。

※**straight** [ストレイト]

　(形) まっすぐな、きちんとした、連続した

　a straight line　直線

　Keep your room straight.　部屋をきちんとしておきなさい。

　straight A's　(成績の)全優

名 直線コース、(ボクシング)ストレート

語源 stretch(引っ張る)より、引き伸ばされたの意
類語
☆ stretch [ストレッチ]

他動・自動 伸ばす、広げる

He stretched out his arm for the book.
彼は本を取ろうと腕を伸ばした。

stretch the wings　(鳥が)翼を広げる

名 伸び、広がり、(トラックの)直線コース

He stood up and had a good stretch.
彼は立ち上って十分伸びをした。

a stretch of water　水の広がり、広い水面

homestretch　ホームストレッチ(決勝線の手前の直線コース)

★ stretcher [ストレチャ]

名 担架

He was carried on a stretcher.　彼は担架で運ばれた。

---

024 クロス(ショット) ── 相手のコーナーを狙ってコートの対角線上に打たれた打
球。順クロスと逆クロスがある

クロスは「横切る・反対の・十字架」で、クロッシングは「横断・交差点」、クルーセイドは「十字軍」である。意外にもヨットのクルーザー、一世を風靡した歌手グループ、「フォーク・クルセダーズ(十字軍戦士)」もこれにつながっている。レッドクロスとなればお馴染みの赤十字である。

※ cross [クロース]

形 横切る、反対の

cross streets　交差した道路

cross winds　逆風

名 十字架、苦難、十字形

die on the cross　はりつけになる

No cross, no crown.　苦は楽の種。《諺》

the Red Cross　赤十字

他動 横切る、交差させる

cross a street　道を横切る

cross one's legs　足を組む

── ★ crossing［クロースィング］

名 横断、交差点

No crossing.　横断禁止（掲示の文句）

an overhead crossing　立体交差点

── ★ crusade［クルーセイド］「十字架のための軍」

名 十字軍・聖戦、改革運動

a crusade for eternal peace　永遠の平和のための聖戦

── ★ crusader［クルーセイダ］

名 十字軍戦士、改革運動者

── ☆ crucify［クルースィファイ］

他動 十字架にはりつけする

── ☆ crucial［クルーシャル］「十字架の」

形 重大な、苦難の

a crucial decision　重大決定

go through a crucial period
苦難の時期を通り抜ける

── ☆ cruise［クルーズ］「海上をcross（横断）する」

他動 巡航する

cruise along the coast　沿岸を巡航する

名 巡洋航海、巡回

go on a cruise　巡洋航海に出かける

└─ ★ cruiser [クルーザ]

名 巡洋艦、遊覧用ヨット・クルザー

025 ラリー —— 連続しての打ち合い

ラリーは「回復・大集会、再び集める・回復する」だ。公道で行う自動車の競技、ラリーと同じだが、近年、企業戦略として注目されているアライアンス（同盟）につながっている。世界的な化学会社、アライドケミカルをご案内の向きもあろう。

☆ rally [ラァリ]

他動・自動 再び集める、回復する

The leader rallied his men.　指揮者は部下を再結集させた。

rally one's power　体力を回復する

名 大集会、回復、（テニス・バトミントン・卓球などの）ラリー・自動車ラリー

a student rally　学生大会

a rally in the market　市況の回復

語源 lly － bind（結ぶ）より
類語
☆ ally [アライ]「a － to：lly（結ぶ）」

他動・自動 同盟させる

Our country is closely allied with America.

わが国はアメリカと密接に結びついている。

名 同盟国（者）

└─ ☆ alliance [アライアンス]

名 同盟

a triple alliance　三国同盟

026 ウィナー ── 得点を勝ち取った打球。ウイニングショットはプレーヤーが最も得
　　　意とする決め球

ウイナーは「勝利者・受賞者」、ウィンは「勝つ」だ。近年では「ウィ
ン・ウィン」の関係がことに重視されていると聞く。野球やゴルフ
のファンであればウィニングボールを知っていよう。

☆ winner［ウィナ］

┌ **名** **勝利者・受賞者**

│　　an Academy Award winner　アカデミー賞受賞者

└ ※ win［ウィン］

　　┌ **他動・自動** (won, won)**勝つ、勝ち取る**

　　│　　win a race　競走に勝つ

　　│　　win a prize　賞品を獲得する

　　└ ☆ winning［ウィニング］

　　　　形 **勝利を得た・勝利を得させる**

　　　　　a winning shot　決め球

　　　　名 **勝利・獲得、賞品・もうけ**

027 フォースド・エラー ── 相手に追い込まれたために生じたエラー。反対はアン
　　　フォースド・エラー

フォースは「強制する、力・腕力・軍隊」だ。「強い」の意の fort を
語源とする言葉で、コンフォート（慰め）、エフォート（努力）、フォー
ト（砦）、フォルテ（強く）等につながっている。野球のフォース・
アウト（併殺）はご案内の向きも多かろう。米国大統領専用機「エ
ア・フォース・ワン」、家庭でも使われるフォース・ポンプ（圧力ポ
ンプ）も付けておこう。余談ともなるが、フォートノックスはアメリ
カ合衆国の金銀塊保管所として知られている。

☆ force [フォース]

　（他動）**強制する、無理に～する**

　　Hunger forced him to steal.　飢えが彼にやむなく盗みをさせた。

　　force the window open　無理に窓を開ける

　（名）**力、腕力、軍隊**

　　the force of mind　精神力

　　He used force on me.　彼は私に暴力をふるった。

　　the air force　空軍

語源 fort － strong（強い）、force（武力）より

類語

☆ comfort [カンファト]「com（強意）：fort（強い）＝強く力づける→慰安」

　（名）**慰め、安楽**

　　His son was a great comfort to him.

　　　息子は彼にとって大きな慰めであった。

　　They lived in comfort.　彼らは安楽に暮らした。

　（他動）**慰める**

　　comfort her for his death　彼の死に対して彼女を慰める

　　── ☆ comfortable [カンファタブル]

　　　（形）**気持のよい・安楽な**

　　　　a comfortable hotel　居心地のよいホテル

☆ effort [エファト]「ef － out（外へ）：fort（力）＝力を出すこと→努力」

　（名）**努力**

　　He made an effort to do well.　彼は立派にやろうと努力した。

☆ enforce [エンフォース]「en － in：force（力）→ 強いる」

　（他動）**（行為を）強いる**

　　enforce silence on him　彼に沈黙を強いる

★ reinforce [リィーンフォース]「re － again：inforce － enforce ＝再び力
　をつける」

　（他動）**補強する・強化する**

reinforce walls　壁を補強する

☆ fort [フォート]「fort（武力）→武力を結集する場所」

　　　名 とりで、(北米原住民との)交易所

　　　　hold the fort　とりでを守る、譲らない

　　└─ ★ fortress [フォートレス]

　　　　　　名 要さい

　forte(1) [フォート]

　　名 長所・得意

　　　Cooking is her forte.　彼女は料理が得意です。

　forte(2) [フォーティ]

　　副 (音楽)強く(f. と略す)

　　└──　force－out [フォースアウト]

　　　　　名 (野球)封殺・フォースアウト

☆ error [エラ]

　　名 誤り・過失・失策

　　　Correct errors, if any.　誤りがあれば正しなさい。

　├─ ★ err [ア～]

　　　　自動 誤る

　　　　　To err is human, to forgive divine.

　　　　　　過ちは人の常、許すは神の業。

　└─ ★ erroneous [イロウニャス]

　　　　形 誤った

　　　　　an erroneous report　誤報

028 フェイント ── 相手をあざむいたり、牽制したりするための動作

フェイントは「見せかけ」、フェインは「振りをする」だ。相手の守
備を乱すため、テニスだけでなくバレー、サッカーなど多くの球技

feint［フェイント］

名 見せかけ・牽制

make a feint of studying　勉強している振りをする

★ feign［フェイン］

他動 振りをする・見せかける

feign friendship　友情ありげにする

2 スイング関連

テイクは「取る」だ。最近大流行のテイクアウトは大方がおなじみ
だろう。テイクオフとなれば「離陸」である。ミステイク（失敗）は
説明の要もないだろう。すこし難しいが、テイクオーバーとなると
経営権などの「取得」である。

※take [テイク]

  他動・自動 (took, taken)**取る、持っていく、乗る、（時間が）かかる**

    take the first prize　一等賞をもらう

    He took me to the zoo.　彼は私を動物園につれて行った。

    take a bus　バスに乗る

    It takes five minutes to walk to the park.

    公園まで歩いて5分かかる。

── **takeoff** [テイク**オー**フ]

    名 （飛行機などの）**離陸・テークオフ**

      a smooth takeoff　円滑な離陸

── **takeout** [テイクアウト]

    名 **持ち（取り）出し・テークアウト**

── ☆**takeover** [テイクオウヴァ]

    名 （経営権などの）**奪取・取得**

      a takeover bid　接収（合併）提案

── ☆**tackle** [**タ**ァクル]「le（反復を表わす動詞語尾）」

    他動 **組み付く、取り組む、（ラグビー）タックルする**

    tackle a thief　泥棒に組み付く

    We don't know how to tackle this problem.

    我々はこの問題にどう取り組むべきか分からない。

030 インパクト ── ラケットに球が当たる瞬間

インパクトは「衝突・衝撃」だ。一般的にも「〜はインパクトが大きい」などと使われている。金融の世界では使途を制約されない外貨借款としてインパクトローンがあるが、最近ではスタートアップ企業へのインパクト投資が大きな注目を集めていると聞く。

☆ impact［インパクト］

　名 衝撃、衝突

　　　The news made a great impact on us.
　　　そのニュースは我々に大きな衝撃を与えた。
　　　the impact of a car against the wall　自動車の壁への衝突

031 フォロースルー ── ラケットに球が当たってからの振り抜き

フォロースルーは「完遂・仕上げ」、フォローは「続く・付いていく」だ。「フォローの風（追い風）」といった表現もあるが、最近ではネットのフォロワー（支持者）が何かと注目されている。

★ follow − through［ファロウスルー］

　名 （スポーツ）フォロースルー（打球後完全に振り切ること）、（企画の）**最後の仕上げ・完遂**

── ※ follow［ファロウ］

　　　他動・自動 〜に続く、ついて行く

　　　Monday follows Sunday.　月曜日は日曜日の次だ。
　　　The dog followed me to my house.
　　　その犬は私の家までついてきた。

── ※ following［ファロウイング］

　　　形 次の、追い風の

　　　in the following year　その翌年

with a following wind　順風に乗って

└── ☆ follower [ファロウア]

名 従者・支持者

Robin Hood and his followers

ロビンフッドとその部下達

└── ※ through [スルー]

前 ～を通って、を通して、～が終って、～によって

The train ran through the tunnel.

　列車はトンネルを走り抜けた。

see through the glasses　めがねを通して見る

read through a book　本を読み終る

through observation　観察によって

副 通して、終りまで、全く

You cannot pass through.　通り抜け出来ない。

read a book through　本を読み通す

I'm wet through to the skin.　私はびしょ濡れだ。

032 フィニッシュ ─ スイングの終り

フィニッシュは「終了、終える」だ。マラソンなどの競走や体操など
でも広く使われている言葉だが、ファイナルとなれば「最後の」、
フィナーレとなれば「大詰め」である。「終わり」の意の fin を語
源とする言葉で、ディファインは「決める」、コンファインは「限定
する」だ。また、ディフィニットとなれば「限定された」、インフニッ
トとなれば「無限の」である。まあ、不定詞のインフィニティブは
英語の授業でお馴染みだろう。

※ finish [フィニッシュ]

名 終了、完成

fight to the finish　最後まで戦う

This picture lacks in finish.　この絵はまだ仕上がっていない。

他動・自動 **終える、仕上げる**

finish school　学校を卒業する

finish a piece of work　1つの作品を仕上げる

語源 fin－end(終わり、限界)：ish(動詞語尾)

類語

※ final [ファイナル]「fin(終り)：al(形容詞語尾)」

形 **最後の、決定的な**

the final round　最終回

the final decision　結論

名 (通例 the ～s)**決勝戦・最終(期末)試験**

pass the finals　最終試験に合格する

── ★ finale [フィナァリ]

名 (音楽)**終楽章・フィナーレ、大詰め**

☆ confine [コンファイン]「con－together：fine－end(終り)→共に終わる」

他動 **限定する、閉じこめる**

Confine your efforts to finishing the work.

その仕事をやり遂げるだけに努力を集中しなさい。

He is confined to bed with a cold.　彼はかぜで寝込んでいる。

名 **境界**

within the confines of the city　市の境界内

☆ define [ディファイン]「de－from：fine－end(終り)→端のほうから(決める)」

他動・自動 **限定する、定義する**

The river defines the boarder of the two countries.

その川は二つの国の境界になっている。

Words are defined in a dictionary.

言葉は辞書に定義されている。

── ☆ definite [デフィニット]

形 **限定された、明確な**

a definite period　一定期間

a definite answer　明確な答

└── ☆ **definition** [デフィニション]

 名 **定義**

  give a definition of a word　一つの語の定義を下す

★ **finite** [ファイナイト] 「fin－end(終り)：ite(形容詞語尾)」

 形 **限りのある**

  Human understanding is finite.

   人間の理解は限りがあるものである。

└── ☆ **infinite** [インフィニット]

 名 **無限の**

  an infinite number of stars　無数の星

└── **infinitive** [インフィニティヴ]

 名 **不定詞**

└── ★ **infinity** [インフィニィティ]

 名 **無限大**(参考　日産自動車「インフィニティ」)

☆ **fine** (2) [ファイン] 「借金を終わらすが原義→清算→支払い→罰金」

 名 **罰金**

 他動 **罰金を科する**

  He was fined fifty dollars for speeding.

   彼はスピード違反で罰金50ドルを科せられた。

└── ☆ **finance** [ファナァンス] 「負債を払って、貸借勘定を終わらせることの意」

 名 **財政・金融**

  family finances　家計

---

033 グリップ ── ラケットの握り方、握りの部分

グリップは「つかむこと・取っ手・柄」である。グラブとなれば「グイとつかむ」だ。スノーボードでは重要な技の一つである。グラス

プとなれば「理解する」となる。内容をつかむのだ。余談ともなるが、カーマニアならタイヤのグリップを知っていよう。

☆ grip［グリップ］

名 つかむこと、理解力、(道具などの)**取っ手・柄**

take a grip on　〜をつかむ

have a good grip of　〜をよく理解している

a grip of a racket　ラケットの柄

他動・自動 しっかりつかむ、(人の心を)**つかむ、理解する**

The child gripped his father's hand.

子供は父親の手をしっかりつかんだ。

grip one's audience　聴衆を引きつける

I can not grip your meaning.　私は君の言う意味がつかめない。

語源 gra grap−hold(つかむ)より

類語

☆ grab［グラァブ］

他動・自動 ぐいとつかむ・ひったくる

grab a person by the arm　腕をとって人をひっつかむ

☆ grasp［グラァスプ］

他動・自動 つかむ・握る、理解する

grasp an opportunity　機会をつかむ

grasp the meaning of what is said

言われたことの意味をつかむ

034 コンチネンタル（グリップ）── ラケットの面が立つように置き、それを真上から握るグリップ。1900年代の初期にイギリスで始まり、間もなくヨーロッパ大陸で流行した。イングリッシュ・グリップとも言う

コンチネンタルは「大陸の・大陸風の」、コンチネントは「大陸」、コンティンは「含む・収容する」である。コンテンツとなれば「中身・内容」、コンテナーは「容器」である。「保つ」の意の tain を語源とする言葉で、メインテイン（保持する）、エンターテイン（もてなす）、サステイン（維持する）、オブテイン（得る）などの重要な言葉に繋がっている。エンターテーナー（接待者・芸能人）、メンテナンス（維持、略してメンテ）などは、日常的に結構耳にする言葉であるが、最近、急激にクローズアップされている言葉はサステイン（維持する）の派生語、サステナビリティ（持続可能性）だろう。

☆ continental [カンティネンタル]

形 大陸の、(C～)ヨーロッパ大陸の

a continental climate　大陸性気候

a Continental tour　ヨーロッパ周遊旅行

── ☆ continent [カンティネント]

名 大陸、(the C～)ヨーロッパ大陸

the New Continent　新大陸

── ☆ contain [コンテイン]

他動 含む、収容する

The bottle contains one liter of water.
そのびんには1リットルの水が入っている。

The room will not contain all of them.
この部屋は全員を収容出来ない。

語源 con－together（共に）：tain－hold（保つ）

42

類語

☆ **entertain** [エンタテイン]「enter－between, among：tain（保つ）＝～の間に保つ→大事にする→もてなす」

（他動・自動）**もてなす、楽しませる**

entertain quests with music　音楽で客をもてなす

Her story entertained the children.

彼女の話は子供たちを楽しませた。

── ☆ **entertainment** [エンタテインメント]

（名）**もてなし、演芸、娯楽**

give an entertainment to a guest　客をもてなす

a musical entertainment　音楽会

I find much entertainment in reading.

私は読書がたいへん楽しみだ。

── ★ **entertainer** [エンタテイナ]

（名）**接待者、芸能人・エンターテナー**

☆ **maintain** [メインテイン]「main－hand：tain（保つ）＝手に保つ」

（他動）**保持する、支える**

maintain peace　平和を保つ

maintain one's family　一家を養う

── ☆ **maintenance** [メインテナンス]

（名）**保持・維持**

the cost of maintenance　維持費

☆ **obtain** [オブテイン]「ob（強意）：tain（保つ）＝しっかりと手に持っている」

（他動・自動）**得る**

He obtained the position by money.

彼はその地位を金で得た。

☆ **retain** [リテイン]「re－back：tain（保つ）＝（なくさないように）後の方へしっかりと持つ」

（他動・自動）**保つ**

retain one's rights　権利を保有する

☆ **sustain** [サステイン] 「sus‐from below：tain(保つ)＝下から持つ・支える」

（他動） 支える、維持する

sustain the weight of the roof　屋根の重みを支える
Food sustains our lives.　食物が生命を維持する。

──── ☆ **content** [カンテント]

（名） 中味、目次

the contents of a box　箱の中味
(the table of) contents　目次

──── ★ **container** [コンテイナ]

（名） 入れ物・容器、(輸送用の)コンテナー

---

035 スタンス ── 両足の構え(位置)。グランドストロークの場合はスクエアスタンス、オープンスタンスが最も一般的

スタンスは「足の位置・姿勢」だ。「立つこと」の意のスタンスから、インスタンス (例)、ディスタンス (距離)、サーカムスタンス (環境) など結構な単語につながっている。まあ、インスタントラーメンを知らない人はよもやいるまい。コロナ禍の下では、ソーシャル・ディスタンスが大きな問題とされていることは言うまでもないだろう。かなり古いが、アルフィのヒット曲「星空のディスタンス」もおまけとして付けておこう。

☆ **stance** [スタァンス]

（名） (野球・ゴルフなどの打者の)足の位置、姿勢・立場

the batting stance　打球の構え

語源 **stand**(立つ)より

類語

☆ **circumstance** [サ～カムスタァンス] 「circum‐circle(周り)：stance

（立つこと）＝周りに立つこと→囲むこと（もの）→環境」

名 環境・境遇

He is in bad circumstances.　彼は貧しい生活をしている。

※distance［ディスタンス］「dis－apart（離れて）：(s)tance（立つこと）＝離れて立つこと」

名 距離、遠方

the distance of Mars from the earth
　地球から火星までの距離

from a distance　遠方より

└─ ☆distant［ディスタント］

形 遠い、離れた

a distant place　遠い所

The town is ten miles distant from Tokyo.
　その町は東京から10マイル離れている。

☆instance［インスタンス］「in－near（近くに）：stance（立つもの）＝実例」

名 例・実例

for instance　例えば

└─ ☆instant［インスタント］

形 すぐの・即座の

instant coffee　インスタントコーヒー

└─ ☆instantly［インスタントリ］

副 直ちに

Come here instantly.　すぐここに来なさい。

☆substance［サブスタンス］「sub－under（下に）：stance（立つもの）＝すべての根底となるもの」

名 物質、本質・実質、要旨

chemical substances　化学物質

Substance is more important than form.
　実質（内容）は形式より重要である。

the substance of his speech　彼の演説の要旨

☆ substantial [サブス**タ**ァンシャル]

形 本質的な、内容のある

a substantial difference　本質的な相違

a substantial meal　たっぷりした食

☆ substantially [サブス**タ**ァンシャリ]

副 実質上、大体において

☆ constant [**カ**ンスタント]「con－fully（十分に）：stant（立っている）＝しっかりと立っている」

形 不変の、不断の

at a constant pace　一定の歩調で

constant efforts　不断の努力

☆ constantly [**カ**ンスタントリ」

副 いつも・しばしば

---

036 クローズド（スタンス）── 飛球方向に対し、後の足をわずかに後にひいた構え

クローズは「閉じる・終える」だ。閉店のクローズ（クローズド）が分かりやすい用例だろう。ディスクローズとなれば「発表」、エンクローズとなれば「囲む」である。近年問題となっている「ディスクロージャー（情報の開示）」、世界史に名高い「エンクロージャムーブメント（囲い込み運動）」に聞き覚えのある向きは少なくあるまい。おまけとして、日本人になじみの深いウオーター・クロゼット（W.C.）を付けておこう。

※close [ク**ロ**ウズ]

他動・自動 閉じる、終わる

Closed today.　本日閉店（掲示の文句）

The speech is closed.　話は終った。

名 終わり

at the close of the game　ゲームの終わりに

語源 close（閉じる、閉鎖する）より

類語

☆ enclose［エンクロウズ］「en－in(中に)：close(閉じる)」

　他動 囲む

　　enclose a farm　農場に囲をする

　└─ ★ enclosure［エンクロウジャ］

　　　名 囲うこと、囲い地

　　　　the Enclosure Movement

　　　　　囲い込み運動・エンクロージャームーブメント

☆ disclose［ディスクロウズ］「dis－not：close(閉じる)」

　他動 （秘密などを）あばく、発表する

　　disclose a secret　秘密をあばく

　　disclose one's plan　計画を明らかにする

　└─ ☆ disclosure［ディスクロウジャ］

　　　名 発覚、発表

☆ include［インクルード］「in－in：clude－close(閉じる)＝中に閉じこめる」

　他動 含む

　　Does this price include the tax?

　　　この値段には税金が含まれていますか?

　└─ ★ including［インクルーディング］

　　　前 ～を含めて

　　　　Six were invited, including the girl.

　　　　　その少女を入れて6人が招かれた。

☆ exclude［エクスクルード］「ex－out：clude－close(閉じる)＝締め出す」

　他動 締め出す・除外する

　　exclude light from a room　部屋に光を入れない

　└─ ☆ exclusive［エクスクルースィヴ］

　　　形 排他的な、高級な

47

exclusive rights　専有権

an exclusive hotel　高級ホテル

└─☆ exclusively [エクスクルースィヴリイ]

　　　副 もっぱら・排他的に

　　　　　He drinks tea exclusively.

　　　　　彼はもっぱら紅茶ばかり飲む。

☆ conclude [コンクルード]「con－together：clude（閉じる）＝共に閉じる」

　　　他動・自動 終える、決定する

　　　　　He concluded his speech.　彼は演説を終えた。

　　　　　He concluded that he would go.　彼は行こうと決めた。

└─☆ conclusion [コンクルージョン]

　　　名 結末、結論

　　　　　the conclusion of the lecture　講演の結び

　　　　　come to a conclusion that　～という結論に達する

※ close [クロウス]（発音注意）

　　　形 近い、親しい、綿密な、接近した

　　　　　a flower close to a rose　バラによく似た花

　　　　　a close friend　親友

　　　　　close attention　細心の注意

　　　　　a close game　接戦・クロスゲーム

└─☆ closely [クロウスリ]

　　　副 ぴったりと、綿密に

　　　　　My shoes fit closely.　私の靴はぴったり合う。

　　　　　look closely　よく注意して見る

└─★ closet [クラゼット]「閉じられた場所の意より」

　　　名 戸棚、押入れ

　　　　　an water closet　トイレ（W. C.）

037 レディ・ポジション ── ショットのための構え・基本姿勢が整っている状態。ちなみに、サーブを受ける体勢が整っていないときサーブをされた場合は「ノット・レディ」でやり直しとなる

レディは「準備ができた」の意で、「レディメイド（既成服）」が分かりやすい用例だろう。近年は、学習におけるレディネスか大いに問題なっている。ポジションの方は「置く」の意の pose を語源とする言葉で、エキスポーズ（さらす）、プロポーズ（申しこむ）、コンポーズ（構成する）、オポーズ（反対する）、サポーズ（仮定する）、ディスポーズ（配置する）、パーパス（目標）など重要な言葉につながっている。プロポーズはもとより、エキスポ（エキスポジション）、プレポジション（前置詞）、コンポジション（作曲・作文・構成）などは時として耳にする言葉である。

※ ready［レディ］

形 用意ができた、進んで～する、まさに～しようとする

Breakfast is ready.　朝食の用意ができました。

I am always ready to help you.　いつでも喜んでお手伝いします。

The tree was ready to fall.　その木は今にも倒れそうだった。

── ☆ readily［レディリ］

副 たやすく、喜んで

Even a child can readily do it.

　子供でさえそれはたやすくできる。

I will readily do so.　私は喜んでそうします。

── ★ readiness［レディネス］

名 用意ができていること

All is in readiness.　用意万端整っている。

── ★ ready-made［レディメイド］

形 出来合いの、ありきたりの

ready-made clothes　既製服

ready-made ideas　ありふれた考え

※ **position** [ポズィション]

　名 位置、姿勢、地位、立場

　　The villa has a good position.　その別荘はよい位置にある。

　　The model is in a sitting position.

　　　モデルはすわった姿勢をとっている。

　　a person of position　地位のある人

　　He is in a difficult position.　彼は苦しい立場にある。

語源 pose－put（置く）、place（位置させる）より

類語

☆ **compose** [コンポウズ]「com（共に）：pose（置く）＝一緒に置いて1つのもの
　をつくる」

　他動・自動 構成する

　　compose a sonata　ソナタを作曲する

──☆ **composition** [カンポズィション]

　　名 作文・作曲、作品、構成

　　　He is good at composition　彼は作文が上手である

　　　a musical composition　音楽作品

　　　the composition of the Cabinet　内閣の構成

──☆ **composer** [コンポウザ]

　　名 作曲家

★ **depose** [ディポウズ]「de－away（向こうへ）：pose（置く）＝免職させる」

　他動・自動 免職させる

　　depose a person from office　人を免職する

☆ **deposit** [ディパズィット]「de－down（下へ）：posit－pose（置く）」

　他動 置く、預ける

　　He deposited the package on the doorstep.

　　　彼は小包みを玄関の上がり段の上に置いた。

deposit money in a bank　銀行に預金する

名 預金

a fixed deposit　定期預金

☆ dispose [ディスポウズ]「dis－apart（分けて）: pose（置く）=配置する」

他動・自動 配置する

dispose troops　軍隊を配置する

── ☆ disposal [ディスポウザル]

名 配置、処分

the disposal of troops　部隊の配置

disposal by sale　売却処分

── ★ disposition [ディスポズィション]

名 配置、処分

the disposition of furniture　家具の配置

the disposition of property　財産の処分

☆ expose [エクスポウズ]「ex－out（外へ）: pose（置く）=さらす」

他動 さらす、あらわす

expose one's film　フィルムを露出する

expose a secret　秘密をあばく

── ☆ exposure [エクスポウジャ]

名 さらすこと、発覚・摘発

He died of exposure.　彼は野たれ死にをした。

the exposure of a plot　陰謀の摘発

── ★ exposition [エクスポズィション]

名 博覧会・エキスポ、説明

☆ impose [インポウズ]「im－on（上に）: pose（置く）=課する、押し付ける」

他動 （義務などを）課する、押し付ける

impose heavy taxes on the people　国民に重税を課する

He imposes his taste upon us.

彼は自分の好みを我々に押し付ける。

☆ oppose [オポウズ]「op－against（～に対して）: pose（置く）=反対する」

他動 反対する

oppose a plan　計画に反対する

── ☆ **opposite** [アポズィット]

形 反対側の・反対の

the opposite sex　異性

── ☆ **opposition** [アポズィション]

名 反対・対立

opposition to high tax　重税反対（論）

☆ **propose** [プロポウズ]「pro－before（前に）：pose（置く）=提案する」

他動・自動 提案する・結婚を申し込む

propose a new method　新方式を提案する

He proposed to her.　彼は彼女に結婚を申し込んだ。

── ☆ **proposal** [プロポウザル]

名 提案、結婚の申し込み

make a proposal of peace　平和を提議する

make a proposal to　〜に結婚を申し込む

── ☆ **proposition** [プロポズィション]

名 提案・計画

★ **repose** [リポウズ]「re－back：pose（置く）=休む」

他動・自動 （身体などを）横たえる・休ませる

repose oneself　横になる、休む

名 休息・休養

earn a night's repose　一夜の休息を得る

※ **purpose** [パ〜パス]「pur－before（前に）：pose（置く）=自分の前に置く

→目標にする」

他動・自動 〜しようと思う

I purpose to finish my work in a week.

1週間の内に仕事を終えようと思う。

名 目的、意志

for the purpose of〜ing　〜する目的で

on purpose　故意に、わざと

※ suppose [サポウズ]「sup－under(下に)：pose(置く)＝下に置く→(置いといて)仮定する」

他動 仮定する、推測する

Suppose it rains, what shall I do?　もし雨だったらどうしよう。

I suppose him (to be) honest.　私は彼が正直だと思う。

── ★ positive [パズィティヴ]

形 明確な・位置の決まった、積極的な

positive proof　動かぬ証拠

a positive help　積極的な援助

名 (写真)陽画・ポジ、(電気)陽極

── ☆ preposition [プレポズィション]「pre－before(前に)：position(位置)＝前に置くもの」

名 前置詞

038 スプリット(ステップ) ── 打球を受けるために小刻みに体を動かした後、両足を開いて構えること

スプリットは「裂く、分裂」だ。ボーリングのスプリット、野球のスプリットボールを知っていれば理解が早い。

☆ split [スプリット]

他動・自動 (spilt, spilt)裂く、分割する

split wood　木を割る

split the cost　その費用を折半する

名 裂くこと・分裂、(ボーリングの)スプリット

a split in the class　クラスの分裂

── ★ splinter [スプリンタ]

名 破片・かけら

a splinter of a bomb　爆弾の破片

039 リーチ ── 打球に対しラケットの届く範囲。両手打ちは強力な球が打てるが、
　　　　リーチが短いという欠点がある

リーチは「到達する・手を伸ばしてとる、手を伸ばすこと・届く範
囲」だ。ボクシングでもリーチが使われているが、こちらは、両手
を広げたときの右手の指の先端から左手の先端までの長さである。
すこし専門的であるが、広告などではリーチ数、リーチ率が幅を利
かしていると聞く。とにかく届かなければ意味がないのである。

※ reach［リーチ］
　　他動・自動 到着する、手を伸ばして取る
　　　　reach London　ロンドンに到着する
　　　　Please reach me that book.　その本を取って下さい。
　　名 手を伸ばすこと、とどく範囲
　　　　make a reach for the book　本を取ろうと手を伸ばす
　　　　within reach of one's hand　手の届く範囲内に

3 ゲーム・試合形式

040 ポイント ── ゲームにおける得点。時計方式のなごりから、第一得点はフィフティーンで、以下サーティ、フォーティ、ゲームとなる。フォーティはフォーティーンファイブの略である

ポイントは「点・得点、指し示す」だ。アポなどと省略して用いられるアポイントメント（約束）につながっている。反対のディスアポイントメントとなると「失望」である。余談ともなるが、指示棒のポインター、犬のポインターをにぎやかしに付けておこう。

※ point［ポイント］

　名 先、点、得点

　　　the point of a pen　ペンの先
　　　At that point she ran away.　その瞬間彼女は逃げ出した。
　　　score 3 points　3点取る

　他動・自動 指し示す、向ける

　　　point the way　道を指し示す
　　　Don't point the gun at any one.　銃口を人に向けてはいけない。

語源 point（指し示す）

類語

☆ appoint［アポイント］「ap－ad（～へ）：point（指し示す）」

　他動 任命する、定める

　　　I appointed him (to be) manager.
　　　　私は彼をマネジャーに任命した
　　　He appointed the place for the meeting.
　　　　彼は会合の場所を指定した。

── ☆ appointment［アポイントメント］

　　名 任命、約束

get an appointment　職に就く

break one's appointment　約束を破る

☆ disappoint [ディスアポイント]「dis－away：appoint」

他動・自動 **失望させる、裏切る**

He was disappointed in his son.　彼は息子に失望した。

disappoint one's hopes　希望をくじく

└─ ★ disappointment [ディスアポイントメント]

名 **失望**

to one's disappointment　失望したことには

└─ ★ pointer [ポインタ]

名 (時計、計器の)**針**・(地図などを指す)**むち、ポインター犬**(獣を
かぎ出して鼻先でその方向を指し示す猟犬)

041 デュース ── 双方のポイントがともにフォーティ(3点)になった状態。次に2点
引き離せば勝ちとなる

デュースは「トランプの2の札、賽 (さい) の目の2」だ。音楽のデュ
エット、スキー競技のデュアルモーグルでおなじみのデュアル (二
つの・二重の) につながっている。

deuce [デュース]

名 (トランプの)**2の札**・(賽の)**2の目**、(テニスなどの)**デュース**

語源 de － du(two) より

類語

☆ dual [デューアル]

形 **二つの・二重の**

a dual personality　二重人格

└─ **dualism** [デュアリズム]

名 二元論

★ duet［デューエット］

名 二重唱（奏）・デュエット

★ duplicate［デュープリケット］「du－two：plicate－fold（折り連なる）→
二つに重ねる」

形 二重の、複製の

a duplicate copy　複本、写し

名 複製・写し

make a duplicate of a key　合鍵をつくる

他動 複製する

★ duel［デューアル］

名 （二者間、二党間の）戦い・決闘

a duel of wits　知恵くらべ

042 アドバンテージ ── デュースのあと、一方が得点して優位に立つこと

アドバンテージは「優位」、アドバンスは「進む・前進」である。ア
ドバンスコースとなれば一般に上級コースを指している。余談とも
なるが、アドバンスには「前払い金」の意味があり、一部ではバン
スと略して用いられている。

☆ advantage［アドヴァンティッヂ］

名 優位、利点

take advantage of　～を利用する

the advantage of living in the country　いなかに住む利点

── ☆ disadvantage［ディスアドヴァンティッヂ］

名 不利・損

── ☆ advance［アドヴァンス］

自動・他動 進む、進歩する

The leader told his men to advance.

指揮官は部下に前進せよと命じた。

advance in knowledge　知識が進歩する

名 前進、進歩

the advance of troops　軍隊の前進

the general advance of society　社会全般の進歩

vantage [ヴァンティッヂ]「advantage の頭音消失形」

名 有利（な地位・位置）

a point of vantage　有利な地位・地の利

043 ブレーク（ポイント）── 相手のサービスゲームを破るポイント

ブレークは「破る・中断する、破れ・中断」だ。ボクシングのブレーク、コーヒーブレークなどが分かりやすい用例だが、ブレーキ、ブレーカー（電気の遮断器）、ウインドブレーカー、さらにはブレックファスト（朝食）などにも変化する。最近では、芸能界でのブレーク、技術開発でのブレークスルー（大躍進・突破）などがことに注目されている。

※ break [ブレイク]

他動・自動 (broke, broken) 破る、中断する

break the world record　世界記録を破る

break a bad habit　悪い習慣をやめる

名 破れ、中断、小休止

a bad break of the leg　足のひどい骨折

without a break　中断なしに

take a break for coffee　一休みしてコーヒーを飲む

☆ breakdown [ブレイクダウン]

名 破損

There was a breakdown on the railway.

鉄道が故障した。

——※ **breakfast** [ブレックファスト]「fast＝断食」

名 朝食

have breakfast at seven　7時に朝食を食べる

——★ **breaker** [ブレイカ]

名 こわす人（機械）・（電気）遮断器・ブレーカー、くだけ波

a prison breaker　脱獄者

breakers ahead　前方に見えるくだけ波・前途の危険

——☆ **brake** [ブレイク]

名 ブレーキ・歯止め

They put the brakes on our plan.

彼らは我々の計画にブレーキをかけた。

044 ラブ・ゲーム —— 一方のポイントが0のまま終わるゲーム

ラブは「愛、愛する」だ。これがテニスのゼロとなった経緯には諸説があるが、取り敢えず、ゼロがフランス語の l'oeuf（玉子）に由来するとの説を紹介しておこう。英語の play for love → play for nothing といった表現に由来するとの説もある。ゲームに関しては、これがギャンブルに繋がっていることだけをご紹介しておこう。

※ **love** [ラヴ]

名 愛、恋愛、（テニス）0点

love of one's country　愛国心

fall in love with　～に恋するようになる

他動・自動 愛する、好む

Love me, love my dog.

私を愛するなら私の犬も愛せよ。

（坊主憎けりゃ袈裟（けさ）まで憎い。《諺》）

love to listen to music　音楽を聞くのが好きである

—— ※ lovely [ラヴリ]

形 愛らしい・美しい、すばらしい

a lovely melody 美しいメロディ

lovely weather すばらしい天気

—— ☆ lover [ラヴァ]

名 愛好者、恋人

a lover of music 音楽愛好者

a pair of lovers 恋人同志

※ game [ゲイム]

名 試合、遊び

a called game （野球）コールドゲーム

What a game! まあ面白い

形 元気な、勇敢な

a game sportsman 元気のいいスポーツマン

die game 最後まで戦う、勇敢に戦って死ぬ

—— ☆ gamble [ギャンブル]

自動 かけ事をする・投機をする

gamble on horse races 競馬に金をかける

名 ばくち・投機

045 （サービス）キープ ── 自分のサービスゲームを勝つ（守る）こと。反対はダウン

キープは「保つ・守る」だ。サッカーのゴールキーパーが大変分かりやすい用例だろう。一般的には、ボトルをキープする、良い席をキープするなどと使われているが、ハウスキーパーとなれば「家政婦」である。最近はハウスキーピングが一つの職種となっていると聞く。

※ keep [キープ]

他動・自動 保存する、（ある状態を）保つ、守る

keep books in a box　箱に本をしまっておく

keep a room clean　部屋をきれいにしておく

keep a secret　秘密を守る

── ☆ keeper［キーパ］

　　名 番人、管理人（複合形が多い）

　　　a doorkeeper　門衛

　　　a shop keeper　店主

── ★ upkeep［アプキープ］

　　名（家屋・車などの）維持

046 （コート）チェンジ ── 奇数ゲームが終了した時、セットが終了した時などにコートサイドを交代すること。タイブレークの場合は6ポイントで行う。ちなみに交代の制限時間は90秒である

チェンジは「変える、変化」だ。野球のチェンジ、イメチェン（イメージチェンジ）などが分かりやすい用例だろう。エクスチェンジとなれば「交換」である。高速道路のインターチェンジは説明の要もないだろう。ちなみに、チェンジには釣銭の意味もあることに注意しよう。スモール・チェンジは小銭である。

※ change［チェインヂ］

　名 変化、交換、釣銭

　　a change of mind　心変わり

　　a change of clothes　着替え

　　small change　小銭

　他動・自動 変える、交換する

　　Heat changes water into steam.　熱を水蒸気に変える。

　　I changed seats with him.　私は彼と席を取り換えた。

── ☆ exchange［エクスチェインジ］

　　名 交換、両替

an exchange of gifts　贈り物の交換

the rate of exchange　外国為替相場

他動・自動 交換する、両替する

He exchanged the pen for a pencil.

彼はペンと鉛筆を交換した。

He exchanged American money for Japanese.

彼は米貨を邦貨に両替した。

047 セット（ポイント）── セットの勝敗を決定するポイント。マッチポイントはマッチ（試合）を決めるポイントである

セットは「置く・整える、一組・（演劇・頭髪などの）セット」だ。広い意味で用いられる言葉だが、髪のセット、テレビセットがイメージ的に分かりやすい用例だろう。セトルとなれば「落ち着かせる、植民する」で、セトルメントは「解決、植民地」となるが、「社会福祉事業団」の意味もあることに注意しよう。

※set［セット］

他動・自動（set, set）置く、整える、（ある状態に）する、決める

I set roses in the vase.　私はバラの花を花びんにいけた。

set a watch by the radio　ラジオで時計を合わせる

Lincoln set the slaves free.　リンカーンは奴隷を解放した。

set a date for the party　会の日を決める

名 一組、受信機、（テニス・演劇・頭髪の）**セット**

a set of tools　道具一式

a television set　テレビセット

語源 set－cause to sit（座らせる）

類語

※settle［セトル］「setより」

他動・自動 ～を決める、植民する、落ち着かせる

settle to do　～することに決める

The English settled New England.

　英国人達はニューイングランドに植民した。

He settled himself in the chair.

　彼はいすにどっしり腰をおろした。

── ☆ **settlement** [セトルメント]

名 植民地、解決、社会福祉事業団・セツルメント

the Irish settlement in Boston

　アイルランド人のボストン植民地

come to a settlement　和解する

── ☆ **settler** [セトラ]

名 植民者、開拓者

---

048 (セット)カウント ── お互いに勝ったセットの数

カウントは「計算・勘定、数える」だ。カウンター (勘定台) が分かりやすい用例だろう。アカウントとなれば「計算、～と思う」である。「割引、割り引く」の意のディスカウントは大方のお馴染みだろう。アカウンタントとなれば「会計士」である。

※ **count** [カウント]

名 計算・勘定

take count of　～を数える、～を重要視する

他動・自動 数える、～と思う

Don't count your chickens before they are hatched.

　かえらぬ前にひよこの勘定をするな。

　(取らぬたぬきの皮算用。《諺》)

I count him rich.　私は彼を金持ちだと思う。

語源 count（数える）

類語

※account［アカウント］「ac－ad の変形（~に）：count（数える）」

名 計算・計算書、説明・理由

Send me an account.　請求書を送って下さい。

on account of　~の理由で

他動 ~と思う

I account myself (to be) happy.　私は自分を幸福だと思う。

account for　（~の理由を）説明する

└─☆accountant［アカウンタント］

名 会計係・会計士

a chartered accountant　公認会計士

☆discount［名：ディスカウント、動：ディスカウント］「dis－away（除去）：
count（数える）=数えて切り捨てる」

名 割引・割引率

at a discount　割引きして

他動 割り引く

discount 10% for cash　現金払いで10%の割り引きをする

└─☆counter［カウンタ］

名 勘定台・カウンター、計算機

a girl behind the counter　女店員

a Geiger counter

（放射能の測定に用いる）ガイガーカウンター

049 タイ（ブレーク） ── 相互に6ゲームを取った後の7ゲーム目では、最初に7点を
取った方がそのセットの勝ちとする方法

タイは「結び紐・同点、結ぶ」だ。タイアップ（提携）、タイピン、ネ

クタイあたりが分かりやすい用例だろう。やや専門的となるが、金融の分野ではタイド・ローン (資金の使途に制限がある貸付) がある。

※tie [タイ]

名 結び紐、同点、ネクタイ

tie a tie　ひもを結ぶ

end in a tie　同点で終る

他動・自動 結ぶ、しばる、同点になる

The horse was tied to the tree.　馬は木につながれていた。

I am tied for time.　私は暇がない。

The game is now tied 3 to 3.

　ゲームは今3対3の同点になっている。

tie up with　〜と提携する・タイアップする

★necktie [ネクタイ]「neck (首、くびれた部分)」

名 ネクタイ

050 フル (セット) ── 勝敗が最終セットまで持ち込まれた試合

フルは「いっぱいの・十分な」だ。フルタイム、フルスイング、フルスピードなどが分かりやすい用例だろう。フルムーンとなれば「満月」である。ポーカーのフルハウスも感じがよく分かる言葉ではないか。フィルとなれば「満たす」、フルフィルは「(約束などを) 果たす・(条件を) 満たす」である。

※full [フル]

形 いっぱいの、完全な、満腹の

a full train　満員電車

a full moon　満月

I'm full.　私は満腹です。

※fill [フィル]

(他動・自動) 満たす

fill a glass with water　コップに水を満たす

└─☆fulfill (米)、fulfil (英) [フルフィル]

(他動) (約束を)**果たす**、(条件を)**満たす**

fulfill one's promise　約束を果たす

fulfill requirement　必要条件を満たす

---

051 ミックスド（ダブルス） ── 混合複試合。男女が組になったダブルス

ミックスは「混合する・調合する、混合」だ。ミキサー、ミックスジュースなどが分かりやすい用例だろう。そういえば、「アベノミックス」もあった。

※mix [ミックス]

(他動・自動) 混合する、調合する

Mix blue with yellow and you get green.

青と黄を混ぜれば緑になる。

mix a salad　サラダを作る

(名) 混合

└─☆mixture [ミクスチャ]

(名) 混合・混合物

a mixture of several brands of coffee

数種類のブランドを混ぜたコーヒー

└─☆mixed [ミクスト]

(形) 混ざった、複雑な

a mixed school　男女共学の学校

mixed emotions　複雑な感情

└─★mixer [ミクサ]

(名) ミキサー、音量調節者・ミキサー

052 オポーネント ― 対戦相手のプレイヤー

> オポーネントは「相手・反対者」だ。オポーズとなれば「反対する」、オポジションは「反対」である。コンポーネントとなると「成分・構成要素・演奏装置」で、一部にはコンポと略して用いられている。

☆ **opponent**［オポウネント］

　🈔 （競技などの）**相手・反対者**

　　　a political opponent　政敵

　🈔 **敵対する・反対の**

🈩語源 op－against：**ponent**－place（置く）＝～に逆らって置く、反対する

🈔類語

☆ **oppose**［アオポゥス］「op－against：pose－place（置く）＝～に逆らって置く」

　🈔他動 **反対する**

　　　We opposed his plane.　我々は彼の計画に反対した。

　── ☆ **opposite**［アパズィト］

　　　🈔 **反対の**

　　　　　an opposite angle　対角

　── ☆ **opposition**［アパズィシヤン］

　　　🈔 **反対**

　　　　　opposition to high tax　重税反対

☆ **component**［コンポウネント］「com－together：ponent－place（置く）＝共に置く」

　🈔 **合成の・構成する**

　　　component parts　成分、構成部分

　🈔 **成分・構成要素・（演奏装置）コンポ**

　　　the components of a camera lens　カメラレンズの構成要素

053 ペア ― ダブルスの一組のチーム

> ペアは「一対・一組」だ。ポーカー (トランプ) のペアが大変分かりやすい用例だろう。ペアルック、ペア碁も最近人気と聞く。コンペアーとなれば「比較する」である。さらにパリティとなると「同等」で、金融など様々な分野で使われているが、農産物のパリティ価格が最も一般的だろう。ちなみに、ゴルフのパーは「標準・同等」である。

☆ pair [ペア]

名 一対、一組、(トランプ)ペア

a pair of shoes 一足の靴

a pair of canaries 一つがいのカナリヤ

語源 pair – par (等しい)

類語

※ compare [コンペア]「com – together : pare – par (同じの)→同じかどうか一緒にする」

他動・自動 比較する

compare a sentence with another

ある文章をもう一つのものと比べる

── ☆ comparison [コンパリスン]

名 比較

make a comparison between the past and present

現在と過去を比較する

── ☆ comparable [カンパラブル]

形 比較できる

Tokyo is comparable with New York.

東京はニューヨークと類似点がある。

── ☆ comparative [コンパァラティヴ]

形 比較上の、比較的、比較級の

comparative literature　比較文学

in comparative comfort　かなり楽に

the comparative degree　（文法）比較級

名 比較級

comparatively [コンパラティヴリ]

副 比較的

It is comparatively difficult.
それはかなり難しい。

☆ **par** [パー]

名 同等、標準、（ゴルフ）基準打数・パー

The profit and loss are about on a par.
利益と損失はほぼ同額である。

above (below) par　標準以上(以下)で

★ **parity** [パァリティ]

名 同等・等価

parity price　パリティ価格

（農家の生産物価格と生活費の比率で定めた農産物の価格）

☆ **peer** [ピア]

名 (能力・価値が)同等の人・同僚、貴族 英

a great king without a peer　並ぶ者のない偉大な王

peerage [ピ(ー)リッヂ]

名 貴族

054 パートナー ── ダブルスを組む相手

パートナーは「仲間」、パートは「部分、分ける」だ。パート（パートタイマー）、パーツ（部品）、アパートなどお馴染の言葉につながっている。デパートとなれば「離れる・出発する」で、空港の表示で見

られるデパーチャーは「出発」となる。買い物でお馴染みのデパートはデパートメント（部門）ストアの略なのだ。ついでに、列車のコンパートメント（客室）、間仕切りのパーティションを付けておこう。「分ける」感じがよく分かる。さらに言えば、パーティクルともなれば「微粒子」、パティキュラーとなれば「細部」である。とにかく、細かく分かれているのだ。

☆ partner [パートナ]

> 名 仲間、（ダンス、テニス、ゲームなどの）組む相手・パートナー
>
> partners in crime　共犯者
>
> a partner in dancing　ダンスで組む相手

└ ※ part [パート]

>> 名 部分、（劇などの）役、（機械などの）部品・パーツ（〜s）
>>
>> for the most part　大部分は、たいていは
>>
>> play the part of Hamlet　ハムレットの役を演じる
>>
>> spare parts　予備の部品・スペアーパー
>>
>> 他動・自動 分ける・分割する、分かれる
>>
>> part my hair in the middle.
>>
>> 　私の髪の毛を真ん中で分けてください
>>
>> We parted at the gate.　私たちは門のところで別れた。

語源 part－a part（一部）、to part（部分に分ける）

類語

※ apart [アパート]「a－to：part（部分）」

> 副 離れて・別々に
>
> apart from　〜から離れて、〜は別として

└ ☆ apartment [アパートメント]

>> 名 （共同住宅内の）一世帯分の住居 米（〜s）貸間 英、（〜s）アパート（荘）
>>
>> We've taken a three-room apartment in New York.

私達はニューヨークで3部屋のアパートを借りました。

the Victoria Apartments　ビクトリアアパート

★ **compartment** [コンパートメント]「com－together：part（分ける）：ment（名詞語尾）＝仕切ること、仕切られたもの」

　🈔 **区画・仕切り、（列車の仕切った）客室・コンパートメント**

☆ **depart** [ディパート]「de－away：part（分ける）＝分離する」

　📗 **出発する**

　　The train departs at 8:30 a.m.

　　列車は午前8時30分に出発する。

──☆ **departure** [ディパーチャ]

　　🈔 **出発**

　　　on one's departure　出発に際して

──☆ **department** [ディパートメント]

　　🈔 **部門・部・課、省⊛・局⊛、大学の学部・科**

　　　the accounting department　会計部（課）

　　　the Department of State　国務省

　　　the department of literature　文学部

★ **impart** [インパート]「im－in：part（分ける）＝分け与える」

　📗 **分け与える・授ける**

　　impart knowledge　知識を伝える

☆ **particle** [パーティクル]「parti－part（部分）：cle（指小辞）＝小さな部分」

　🈔 **微粒子、ごく少量**

　　an elementary particle　素粒子

　　There is not a particle of truth in the report.

　　その報告には一片の真実もない。

──※ **particular** [パティキュラ]

　　🈔 **細部**

　　　His way is correct in every particular.

　　　彼の方法はすべての点で正しい。

　　📗 **特定の、格別の、詳細な**

in this particular way　特にこの方法で

his particular talent　彼の特有の才能

a full and particular account　十分で詳しい説明

★ partake [パーテイク]「par－part(部分)：take」

　自動 (partook, partaken)参加する

　　partake in a discussion　議論に参加する

☆ participate [パーティスィペイト]「parti－part(部分)：cipate－take
　＝参加する・関係する」

　自動 参加する・関係する

　　I'll participate in the game.　私はその試合に参加するつもりだ。

── ★ participation [パーティスィペイション]

　　名 参加・関係

　　　participation in sorrows　悲しみを共にすること

── ☆ participant [パーティスィパント]

　　名 参加者・関係者

　　　a participant in the race　競走の出場者

── ☆ partial [パーシャル]

　　形 一部の、不公平な

　　　a partial truth　一面的な真理

　　　He is always partial to his friends.

　　　　彼はいつも友人をえこひいきする。

── ★ partition [パーティション]

　　名 間仕切り・パーティション

055 フォーメーション ── ダブルスの陣形。サイドを分けて、一人がネットで一人が
　　　　　　　　　　　　ベースライン、二人ともネット、二人ともベースラインの
　　　　　　　　　　　　三つの基本型がある

フォーメーションは「形成・隊形」、フォームは「形作る、形」だ。

フォーマル、リフォームなどは分かりやすい変化形だろう。さらに、インフォームとなれば「知らせる」、パーフォームは「実行する」、トランスフォームは「変化させる」である。インフォーメーション（情報・知識）、パフォーマンス（実行・演奏・演技）、変圧器のトランス（トランスフォーマー）などは聞き覚えがあろう。おまけに、ユニフォームを付けておこう。言うまでもなく、ユニは「一つ」の意である。

★formation［フォーメイシヨン］

　名 形成、隊形

　　　the formation of a Cabinet　組閣

　　　battle formation　戦闘隊形

└─※form［フォーム］

　　名 形、形態、作法

　　　　as a matter of form　形式上、儀礼上

　　　　forms of government　政治形態

　　　　It is not good form to speak with your mouth full.

　　　　　□に食物をほおばったままでしゃべるのは無作法です。

　　他動・自動 形づくる、組織する

　　　　form good habits　良い習慣をつける

　　　　form a cabinet　内閣を組織する

語源 form（形、形づくる）

類語

★conform［コンフォーム］「con（共に）：form（形づくる）＝同じように形づくる

　　→一致させる」

　他動・自動 一致させる・適合させる

　　　conform one's plan to theirs

　　　　自分の計画を彼等の計画に合わせる

★deform［ディフォーム］「de−not：form（形）＝形を崩す→醜くする」

　他動 醜くする・変形させる

a face deformed by hatred　憎しみでゆがんだ顔

(参考　絵画などの「デフォルメ」)

☆ inform [インフォーム]「in(心の中に)：form(形づくる)=知らせる」

(他動・自動) 知らせる

He informed me of the happy news.

彼がその吉報を私に知らせた。

── ☆ information [インフォメイション]

(名) 情報、知識

for your information　ご参考までに

information on scientific matters　科学に関する知識

☆ perform [パフォーム]「per(完全に)：form(形づくる)=完成する、遂行する」

(他動・自動) 実行する、演じる

perform one's promise　約束を実行する

perform one's part　自分の役を演じる

── ☆ performance [パフォーマンス]

(名) 実行、演奏・演技・パフォーマンス

the performance of duties　任務の遂行

a musical performance　音楽の演奏

── ★ performer [パフォーマ]

(名) 実行者、演奏(技)者

☆ reform [リフォーム]「re(再び)：form(形づくる)=再形成する」

(他動・自動) 改正する

reform a system of society　社会制度を改革する

(名) 改正・改革

political reforms　政治的改革

☆ transform [トゥラァンスフォーム]「trans(向こう側に)：form(形づくる)=
変形する」

(他動) 変化させる

Heat transforms water into steam.　熱は水を水蒸気に変える。

── ★ transformation [トゥランスフォメイション]

名 変形(参考 デジタルトランスフォーメーション)
└── transformer [トゥランスフォマ]
　　名 変化させるもの、変圧器・トランス
☆ uniform [ユーニフォーム]「uni－one：form(形)＝同じ形の」
　　形 同一の・不変の
　　　　at a uniform rate 一定の率で
　　名 制服・ユニフォーム
　　　　a school uniform 学校の制服
　└── ★ uniformity [ユニフォーミティ]
　　　　名 同一・画一性
　　　　　　the uniformity in houses 家屋の画一性

── ☆ formal [フォーマル]
　　　　形 形式的な、正式の
　　　　　　a formal visit 儀礼的な訪問
　　　　　　formal wear 礼服・フォーマルウェア
　　　└── ☆ informal [インフォーマル]
　　　　　　形 非公式の
　　　　　　　　The meeting was informal.
　　　　　　　　　その会合は非公式であった。
└── ☆ formula [フォーミュラ]
　　　名 公式、きまり文句、処方
　　　　　a chemical formula 化学式
　　　　　a legal formula 法律上の慣用語句
　　　　　a formula for a cough せきの処方

056 ローテイション ── ダブルスで、サービス側がポイント毎に位置を変えること

ローテイションは「回転・輪番」、ローテイトは「回転させる」だ。
ロータリーとなれば、お馴染みの「環状交差点」である。まあ、カー

マニアであれば、ロータリーエンジンをご案内だろう。

★ rotation [ローテイション]

 名 回転、輪番

   the rotation of the earth　地球の自転
   in (by) rotation　輪番で、交替で

 ☆ rotate [ロウテイト]

  他動・自動 回転させる

    rotate a wheel　車輪を回す

  ★ rotary [ロウタリ]

   形 回転する・回転式の

     a rotary engine　ロータリーエンジン

   名 環状交差点・ロータリー

057 コンビネーション ― ダブルスにおけるペアーの連携

コンビネーションは「結合・連合・組み合わせ」、コンバインは「結合させる、合同」だ。刈り取りと脱穀が同時にできる農機具のコンバインをご案内の向きもあろう。上下の衣装がつながったコンビ、二つの色や素材を使ったコンビシューズ、様々な野菜を使ったコンビネーションサラダも添えておこう。

☆ combination [カンビネイション]

 名 結合・連合

   several combinations of letters　いくつかの文字の組み合わせ

 ☆ combine [コンバイン]

  他動・自動 結合させる、化合させる

    combine two companies　二つの会社を合併する
    Hydrogen and oxygen are combined into water.
     水素と酸素は化合して水になる。

🔒 合同、コンバイン（刈り取りと脱穀が出来る農機具）

【語源】com−together：**bine**−two by two, **bi**−two
【類語】
※ **bicycle**［バイスィカル］「bi（二つの）：cycle（輪）」
　　　🔒 自転車
★ **binary**［バイナリ］
　　　🔒 二つの部分から成る
　　　　the binary scale　二進法
★ **bilingual**［バイリングワル］「bi（二つの）：lingual（言語の）」
　　　🔒 二か国語を話す・二か国語で書かれた
　　　　a bilingual dictionary　二か国語辞典

---

058 サイン（プレー）── ダブルスの際、パートナー同士で決めた合図で作戦的にプ
　　　　　　　　　　　レーすること。ポーチにでる時などに用いられる

サインは「印・合図」だ。デザインとなれば「設計する・設計」、リ
ザインとなれば「辞職する」、アサインとなれば「割り当てる」とな
る。アサイメントは「宿題」だから忘れるわけにはいかないだろう。

※ **sign**［サイン］
　　　🔒 しるし、合図、記号、標識
　　　　as a sign of one's love　愛のしるしとして
　　　　make a sign of　〜の合図をする
　　　　the plus sign　プラス記号（＋）
　　　　Good wine needs no sign.　よい酒に看板はいらない。《諺》
　　　（他動・自動）合図する、署名する
　　　　The coach signed me to hit.　コーチは私に打てと合図した。
　　　　sign a letter　手紙に署名する

語源 sign（印を付ける）

類語

☆ **assign** ［アサイン］「as－to：sign（印を付ける）＝誰のものか分かるように印を付ける→割り当てる」

　　他動 **割り当てる、指定する**

　　　　They assigned us a small room.
　　　　彼らは私達に小さな部屋を割り当てた。

　　　　assign a day for a meeting　会合の日を指定する

　└─☆ **assignment** ［アサインメント］

　　　　名 **割り当て・宿題**

　　　　　　Have you done your assignment?
　　　　　　君はもう宿題をやってしまったのか。

★ **consign** ［コンサイン］「con－together：sign（印を付ける）＝封印する→委託する、任せる」

　　他動 **委託する**

　　　　consign one's soul to God　魂を神にゆだねる、死ぬ

☆ **design** ［ディザイン］「de－down（下に）：sign（印を付ける）＝設計する」

　　名 **デザイン・意匠、計画**

　　　　designs for dresses　服のデザイン

　　　　by design　計画的に、故意に

　　他動・自動 **計画する、設計する**

　　　　design to break prison　脱獄を計画する

　　　　Mr. Smith designed the hall.　スミス氏がそのホールを設計した。

　└─★ **designer** ［ディザイナ］

　　　　名 **デザイナー、設計者**

　└─☆ **designate** ［デズィグネイト］「design：ate（動詞語尾）」

　　　　他動 **指定する、指名する**

　　　　　　Underlines designate important words.
　　　　　　下線は重要語を示す。

a designated hitter （野球)指名代打者(DH)

☆ **resign** [リザイン]「re－back, again(再び)：sign(署名する)＝辞職する（辞職の時は再び署名する)」

　自動・他動 辞職する

　　He resigned from his office.　彼は辞職した。

── ★ **resignation** [レズィグネイション]

　　名 辞職・辞表

　　　a letter of resignation　辞表

★ **signify** [スィグニファイ]「sign(しるし)：ify(動詞語尾)＝(合図などで)～を示す、意味する」

　他動・自動 表明する、意味する・重要である

　　He signified that he would resign.

　　　彼は辞職することを表明した。

　　What does this phrase signify?　この句はどういう意味か。

　　It doesn't signify.　それは大したことではない。

── ☆ **significance** [スィグニフィカンス]

　　名 意味、重要性

　　　the real significance of this event

　　　　この事件の真の意味

　　　a matter of no significance　なんでもない事

── ☆ **significant** [スィグニフィカント]

　　形 意味のある、重要な

　　　a significant wink　意味深長な目くばせ

　　　a significant fact　重要な事実

　　── ★ **insignificant** [インスィグニフィカント]

　　　形 取るに足らない・無意味な

　　　　an insignificant person　つまらない人物

── ☆ **signal** [スィグナル]

　　名 信号・シグナル

a traffic signal　交通信号

他動・自動 信号を送る、合図する

☆ **signature** [スィグナチャ]

名 署名

They collected signatures.　彼らは署名を集めた。

4 競技会・選手

059 トーナメント ── 勝ち抜きの選手権試合。総当たりの試合はラウンドロビン

> トーナメントは「(勝ち抜きの) 試合・(中世騎士の) 馬上試合」だ。ツアー (観光旅行・巡業)、ツーリスト (旅行者)、ターン (回る・回転) につながっている。

☆ tournament [タ〜ナメント]

    名 (勝ち抜きの)**試合**、(中世騎士の)**馬上試合**

語源 tour (ぐるぐる回る)より、馬首をぐるぐる回して戦う馬上試合が原義

類語

☆ tour [トゥア]

    名 (あちこちに立ち寄る)**観光旅行**、(劇団・スポーツなどの)**巡業**

    He made a tour of Europe.　彼はヨーロッパ旅行をした。

    go on tour　巡業に出る

    他動・自動 旅行する、巡業する

    tour Southeast Asia　東南アジアを旅行する

    The singer toured Hokkaido.　その歌手は北海道を巡業した。

    ☆ tourist [トゥーリスト]

      名 **旅行者・観光客**

      a tourist bureau　観光案内所・旅行案内所

※ turn [タ〜ン]

    008 リターンの項参照

060 サーキット ── 各地で転戦して行われる一連の競技会

> サーキットは「巡回」、サークルは「円、回る」だ。自動車競技場の

サーキット、電気のサイクルはお馴染みだろう。サーキュレートと
なれば「循環する」、サーカスとなれば「曲馬団・円形の曲芸場・円
形広場」である。ロンドンの繁華街、ピカデリーサーカスは世界的
に知られている。

☆ circuit [サ〜キット]

名 巡回、周囲、自動車競技場(サーキット)、一連のスポーツ競技会(サーキット)、
(電気)回路

make a circuit of the city　市を一巡する

The circuit of the city walls is three miles.
　その都市の城壁の周囲は3マイルある。

── ※ circle [サ〜クル]

名 円、範囲・仲間・サークル

sit in a circle　輪になって座る

business circles　実業界

他動・自動 回る、囲む

The moon circles the earth.　月は地球を回る。

We circled our teacher.　私達は先生をとり囲んだ。

── ☆ circular [サ〜キュラ]

形 円形の、巡回の

a circular building　円形の建物

a circular trip　周遊旅行

── ☆ circulate [サ〜キュレイト]

自動・他動 循環する

Blood circulates in our body.
　血液は体内を循環する。

── ☆ circulation [サ〜キュレイション]

名 循環・流通

This room has a good circulation.
　この部屋は空気の循環がよい。

── ☆ circus [**サ**~カス]

  名 曲馬(芸)団・サーカス、円形の曲芸場(競技場)、円形広場 **英**

    a circus parade　曲馬団の顔見せ行列

    the Circus Maximus　ローマの大競技場

    Piccadilly Circus　ピカデリー広場

── ★ encircle [エン**サ**~クル]

  他動 取り囲む

    Japan is encircled by the sea.

    日本は海に囲まれている。

061 メジャー(トーナメント) ── **主要な選手権大会。全英オープン(ウインブルドン選手権)、全仏オープン、全米オープン、オーストラリアンオープンの四大選手権大会が最も大きなトーナメント**

メジャーは「より大きい・主要な・専攻の」、マジョリティとなれば「多数派」、マジェスティとなれば「威厳・陛下」である。余談ともなるが、メジャーはテニスの大会や米大リーグ球団だけでなく、石油や穀物の企業にも使われている。音楽のメジャー(長調)は説明の要もないだろう。

さらに言えば、名詞としては「陸軍少佐」の意味があることに注意しよう。

※ major [メイヂァ]

  形 主要な、専攻の、(音楽)長調の

    the major industries　主要産業

    a major subject　専攻科目

    the major scale　(音楽)長音階

語源 maj(大きい)より、比較級でより大きい

類語

☆ majesty [マァヂェスティ]「大きいこと→威厳」

名 威厳、(M~)陛下

　　with majesty　おごそかに

　　Your Majesty　陛下(直接の呼びかけ)

★ majestic [マヂェスティック]

形 威厳のある

　　the majestic mountain scenery　荘厳な山の風景

☆ majority [マヂョーリティ]

名 大部分、成年

　　the majority of people　大部分の人々

　　reach one's majority　成年に達する

062 グランドスラム ── 一人の選手が1シーズンに四大選手権を全て獲得すること。四大大会の総称としても用いられる

グランドスラムは「大成功」だ。元来はトランプのコントラクトブリッジから出た言葉で、野球の満塁ホームランにも使われている。グランドは「壮大な・威厳のある」だから、ホテルなどの名前によく使われている。往年の名画、「グランドホテル」を知っていればかなりに映画通である。

★ grand slam [グラァンドスラァム]

名 (野球)満塁ホームラン、(テニス・ゴルフなどの)グランドスラム・大成功・大当り (俗)

☆ grand [グラァンド]

形 壮大な、威厳のある

　　a grand palace　壮大な宮殿

　　a grand manner　威厳のある態度

★ grandeur [グラァンヂュア]

　　　　名 壮大さ、威厳

　　　　　　the grandeur of the mountain scenery

　　　　　　　その山の風景の壮観

　　　　　　the grandeur of his character

　　　　　　　彼の人格の偉大さ

　　　☆ grandfather [グラァン(ド)ファーザ]

　　　　名 祖父

　　　☆ grandchild [グラァン(ド)チャイルド]

　　　　名 孫

　　　 grand piano [グラァンドピアノウ]

　　　　名 グランドピアノ

　☆ slam [スラァム]

　　名 バタン(ピシャリ)という音

　　他動 (戸などを)ピシャリとしめる、(物を)ピシャリと打つ

　　　Don't slam the window!　窓をバタンと閉めるな。

　　　slam a person in the face　人の顔をピシャリと打つ

063 エキシビション(マッチ) ── 公開模範試合

エキシビションは「展示・展示会」、エキシビットは「示す・公開する」だ。「保つ」の意の hibit・habit を語源とする言葉で、プロヒビットとなれば「禁じる」、インハビットは「住む」、インヒビットは「抑える」、ハビットは「習慣」である。

　☆ exhibition [エクスィビション]

　　名 展示・展示会、示すこと

　　　an art exhibition　美術展覧会

　　　an exhibition of bravery　勇気を示すこと

　　☆ exhibit [エグズィビット]

他動・自動 示す、公開する

He exhibited anger. 彼は怒りを表した。

This film was first exhibited last year.
　　この映画は昨年初めて公開された。

語源 ex－out：hibit－hold(保つ)、have(持つ)＝外に保つ、示す

類語

☆ prohibit [プロ(ウ)ヒビット]「pro－before：hibit－hold(保つ)＝人の前
　　に持つ→邪魔をする」

他動 禁じる、妨げる

Smoking is prohibited here. ここは禁煙です。

An accident prohibited him from coming.
　　彼は事故で来られなかった。

── ★ prohibition [プロウイビション]

名 禁止

the prohibition of the sale of guns 銃の販売禁止

★ inhibit [インヒビット]「in－in：hibit－hold(保つ)＝中に入れて置く→抑える」

他動 抑える

The paint inhibits rust. 塗料はサビを抑える。

☆ habit [ハァビット]「habit・hibit－hold(保つ)have(持つ)」

名 習慣・癖

A habit is (a) second nature. 習慣は第二の天性。《諺》

他動 装う、(英古語)～に住む

be habited in ～を着ている

── ★ habitual [ハビチュアル]

形 習慣的な・いつもの

a habitual joke いつもの冗談

── ★ habitation [ハビチュエイション]

名 住居・住みか

a house fit for habitation 住める家

└─ ☆ inhabit [インハァビット]

他動 住む

inhabit a town　町に住む

└─ ☆ inhabitant [インハァビタント]

名 住人・居住者

The town has 20,000 inhabitants.
その町の住人は2万人である。

---

064 コンソレーション（マッチ）— 敗者慰労試合

コンソレーションは「慰め・慰安」、コンソールは「慰める」である。
団体戦で勝敗が決まった後で行われるのが一般的であるが、軟式
テニスでは敗者復活戦の意味で使われている。

★ consolation [カンソレイション]

名 慰め・慰安

a consolation prize　残念賞

└─ ☆ console [コンソウル]

他動 慰める

Nothing can console him.
何物も彼の心を慰めることはできない。

語源 con－together：**sole**－慰め

類語

★ solace [サラス]

名 慰め

find solace in books　本に慰めを見いだす

他 慰める

solace oneself with books　書物で自らを慰める

└── consolatory [コンサラトーリ]

形 慰めの

a consolatory letter 慰問文

065 エントリー ── 競技に参加を申し込むこと

エントリーは「入口・登録」、エンターは「入る」、エントランスは
建物の「入り口」だ。エントランス・エギザミネーションは「入学試
験」、エントリーフィーは「参加料」である。今日び、就活に不可欠
なエントリーシートを知らない大学生はいないだろう。エントラン
スホール（玄関ホール）もおまけに付けておこう。

☆ entry [エントリ]

名 入ること、入り口、登録

No Entry. 入場禁止（掲示の文句）

the entry of a house 家の玄関

make an entry of ～を登録する

└── ※ enter [エンタ]

他動・自動 入る・参加する、登録する

enter a club クラブに入会する

I entered my name on the list.

私は自分の名前を名簿に登録した。

└── ☆ entrance [エントランス]

名 入口、入場・入学

the front entrance 正面入口

an entrance examination 入学試験

066 クオリファイ ── 予選を通過すること

クオリファイは「資格を得る・予選を通過する」、クオリティは「質・

特質・高級」だ。「クオリティが高い」などと一般的にも用いられている。そういえば、クオリティ・オブ・ライフ（QOL・生活の質）は今日最も重要な生活目標ともなっている。最近は、あまり耳にしないが、クオリティ・ペーパー（高級新聞）もあった。

☆ qualify［クワリファイ］

自動・他動 資格を得る、予選を通過する

qualify as a doctor　医師の資格をとる

Our team qualified for the Word Cup.

　　我がチームはワールドカップの予選を通った。

語源 quali − of what kind（どの種類）：fy（動詞語尾）＝ある種類にする

類語

※ quality［クワリティ］

名 質、特質、高級

a man's qualities　人の（いろいろな）性質

the quality of love　愛の本質

people of quality　身分の高い人

形 上質の・高級な

a quality newspaper　高級新聞

── ☆ qualification［クワリフィ**ケ**イション］

名 資格、資質

qualifications for entering a college

　大学入学資格

── ★ qualitative［クワリテイティヴ］

形 質の

qualitative analysis　定性分析

067 ワイルド・カード ── ランキングなどに基づかず、競技会主催者の裁量で推薦される参加枠（出場者の8分の1）

> ワイルドは「野生の・乱暴な・荒れた」だ。野球のワイルドピッチ（暴投）が分かりやすい用例だろう。意味合いは異なるが、トランプやバスケット、サッカーなどでもワイルドカードは使われている。カードの方は「札」とあっけないが、姉妹語のチャートとなれば「海図」、チャーターとなれば「憲章」であるから満更でもない。世界史でも名高い英国のチャーチスト運動をご案内の向きも多かろう。

☆ wild［ワイルド］

形 野生の、荒れた、乱暴な

wild animals　野獣

wild land　荒れ地

a wild fellow　乱暴者

☆ wilderness［ワイルドネス］

名 荒野・広い所、無数

a wilderness of sea　大海原

a wilderness of old cars　おびただしい中古車

★ bewilder［ビウイルダ］「荒野に導き入れる、迷わせて、途方に暮れさせるの意」

他動 当惑させる

I was bewildered by the student's question.
私はその学生の質問に当惑した。

※ card［カード］「チャートの姉妹語」

名 札、トランプ札、名刺、（特にスポーツの）番組・カード

a post card　郵便はがき

play cards　トランプをして遊ぶ

He presented his card.　彼は名刺を出した。

└─☆ chart [チャート]

(名) 海図、図表、(レコードなどの)売上順位表・チャート

a weather chart　天気図

└─☆ charter [チャータ]

(名) 憲章・免許・特許状、(バス・船などの)貸切・チャーター

the Charter of United Nations

国際連合憲章

a charter flight　貸し切り飛行

068 ドロー ── トーナメントの組み合せ(籤を引くこと、抽選から)。組合せ表はドロー・シート。試合の引き分けにもドローが用いられる

ドローは「引く・引き抜く・(図や線を)引く・引き分ける」だ。ドローイングとなれば、線を引くから「絵画」となる。野球などで使われるドロンゲームやドラッグバント、ドラフト(選抜)会議、さらには、設計図や換気口のドラフトなどこれにつながる言葉は少なくない。いずれも「引く」の感じがよく分かる。最後に、おまけとしてドロワース(ズロース)も付けておこう。原義は「引っ張る」ものなのである。

※draw [ドゥロー]

(他動・自動) (drew, drawn)引く、引き抜く、(図や線を)引く、(関心を)引く、(勝負を)引き分ける

Horses draw carts.　馬が馬車を引く。

draw a gun　ピストルを引き抜く

draw a line　直線を引く

draw one's attention　注意を引く

The game was drawn.　ゲームは引き分けになった。

(名) 引くこと、抽選、(試合の)引き分け

the luck of the draw　くじ運

When does the draw take place?　いつ抽選はあるのですか？

end in a draw　引き分けに終る

語源 draw(引く)

類語

☆ withdraw [ウィズドゥロー]「with－back：draw(引く)」

他動・自動 引っ込める、退かせる

He withdrew his hand from mine.

彼は私の手から自分の手を引っ込めた。

withdraw one's son from school　息子を退校させる

☆ draft, draught [ドゥラァフト]

名 引くこと・選択、設計図・草案(線等を引くことより)

a draft for a speech　演説の草稿

(参考　野球「ドラフト会議(新人選択会議)」)

他動 選択する、下図を書く

He was drafted into the army.　彼は軍隊に招集された。

draft a speech　演説の草稿を書く

☆ drag [ドゥラァッグ]

他動・自動 引く・引きずる

drag one's feet　足を引きずって歩く、故意にぐずぐずする

名 引きずること

walk with a drag　足を引きずって歩く

―― ☆ drawer [ドゥローア]

名 引き出し、(～s)ズボン下・ズロース

a table drawer　テーブルの引き出し

a pair of drawers　ズボン下一枚

―― ☆ drawing [ドゥローイング]

名 線を引くこと、絵・図

drawing paper　画用紙

└─ ★drawing room [ドゥローイングルム]

> 名 応接間[ディナーの後、女客が食堂から退出(withdraw)して休息
> することから]

---

069 シード ─ トーナメントで強いチーム・選手が早いうちに対戦しないようランク
に基づき組み合わせること。シードは興味を減じさせないための「種」
の意で、グランドスラムの大会では16シードまである

> シードは「種」、ソーは「種をまく」だ。やや専門的であるが、高等
> 植物の種子を遺伝子資源として保存する、シードバンク（種子銀
> 行）が注目されていることをご紹介しておこう。

☆ seed [スィード]

> 名 種子・子孫、原因、(スポーツ)シード
>
> the seed of Abraham　アブラハムの子孫
>
> the seeds of war　戦争の原因
>
> 他動・自動 種をまく、実を結ぶ
>
> He seeded his field with corn.
>
> 彼は畑にトウモロコシの種をまいた。
>
> Sunflowers seed in (the) fall.　ヒマワリは秋に実を結ぶ。

── ★seedy [スィーディ]

> 形 種の多い
>
> as seedy as a dried fig　干し無花果のように種が多い

── ☆ sow [ソウ]

> 他動・自動 (〜の種を)まく
>
> sow the seeds of flowers　花の種をまく

---

070 デフォールト ── 試合の放棄で、不戦敗となる

> デフォールトは「(債務などの)不履行・怠慢」だ。最近では発展途

上国の債務超過によるデフォルトが懸念されている。**006** フォールト参照。

★ default [ディフォールト]
   006 フォールト参照

071 リタイヤー ── 試合中の、やむを得ない事故による試合の棄権

リタイヤーは「引退する・退く」で、自動車レースなどでもお馴染みであるが、スポーツ以外にも定年退職などの際によく使われている。浅田次郎氏の傑作『ハッピー・リタイアメント』をご案内の向きもあろう。

☆ retire [リタイア]
   自動・他動 引退する、退く
     retire from business　実業界から引退する
     retire to one's own room　自室に退く
  ☆ retirement [リタイアメント]
    名 引退、退職
     go into retirement　引退する

5 審判・ルール

072 チーフ（アンパイア） ── 正審。正式にはコール・アンパイアで、チェア・アンパイアとも言い、最終的な判定を下す権利を持つ

チーフは「（組織の）長、主な」だ。チーフ・オフィサーとなれば「一等航海士」、近頃よく新聞などで見かける CEO は「チーフ・エグゼクティブ・オフィサー」の略で、企業の最高経営責任者である。このチーフがアチーブ（達成する）、ミスチーフ（不幸）に繋がっていることにはチョット気がつかないところだ。

☆ chief [チーフ]

   名 （団体・局・部・課などの）**長**

     the chief of police　警察署長

   形 **主な、最高位の**

     my chief aim of life　私の人生の主な目的

     a chief engineer　技師長

語源 chief － head（頭）、end（終わり・結末）

類語

★ mischief [ミスチーフ]「mis（誤った、悪い）：end（終わり）＝悪い結末」

   名 **災害、いたずら**

     One mischief comes on the neck of another.

      泣きっ面に蜂。《諺》

     get into mischief　いたずらを始める

※ achieve [アチーヴ]「a － to：chieve（終わり）＝終わりまでもってくる」

   他動 （目的を）**達成する**

     He achieved his end.　彼は目的を達成した。

  ── ☆ achievement [アチーヴメント]

     名 **達成、業績・（生徒の）学力**

the achievement of one's object　目的の達成

an achievement test　学力検査・アチーブメントテスト

☆ chef [シェフ]

　　名 (男の)コック長・シェフ

kerchief [カ〜チフ]「ker − coverの意」

　　名 カーチフ(頭にかぶる四角い布)・ネッカチーフ・えり巻き

───　neckerchief [ネカチーフ]「neck −首」

　　名 ネッカチーフ・えり巻き

───★ chiefly [チーフリ]

　　副 主に

The house is chiefly made of wood.

その家はおもに木でできている。

☆ umpire [アンパイア]

　　名 審判員、裁定者

a ball umpire　(野球)球審

　　自動 審判をする、仲裁する

Who umpire in this match?　この試合の審判は誰がやりますか?

umpire for two parties　両派の仲裁をする

073 レフリー ── 競技委員長。大会委員会より競技運営に関して委任された委員で、試合には直接タッチしないが、提訴や疑義などの最終判定などを下す

レフリーは「審判員・調停者」、リファーは「参照する・言及する」だ。リファレンスは「参照」、リファレンスブックは参考書である。「運ぶ」の意の fer を語源とする言葉で、オファーとなれば「申し出る」、プリファーは「よいと思う」、トランスファーは「移す」、ディファーは「異なる」である。最近では、オファーは芸能の分野、さらには選手の移籍申し込みとして、スポーツの分野でも用いられて

いる。さらに言えば、ディファーの形容詞形のディファレント（異なる）はことに重要な単語であることに注意したい。

★ referee [レフェリー]

名 審判員、調停者

└─ ☆ refer [リファ〜]

自動・他動 参照する、言及する・参照させる、任せる

refer to a dictionary　辞書を引く

refer to another's words

人の言葉に言及する、人の言葉を引く

He referred me to books on biology.

彼は私に生物学の本を参照するように言った。

refer the question to a committee

問題を委員会に任せる

語源 re－back：fer－bring（運ぶ）＝元のところに持ってくる、つれもどす
類語

★ confer [コンファ〜]「con－together（共に）：fer（運ぶ）＝共にもたらす、多くの意見を共に集めて運ぶ」

他動・自動 授ける・協議する

The prize was conferred upon him.

その賞は彼に与えられた。

He conferred with the lawyer about a matter.

彼は問題について弁護士と相談した。

── ※ conference [カンファランス]

名 相談・会議

a press conference　新聞記者会見

☆ differ [ディファ]「di－apart（別々に、離れて）：fer（運ぶ）＝別々に持ってくる
→異る」

自動 異なる、意見が違う

A national flower differs from country to country.

国花は国によって違う。

I differ with you on this point.

私はあなたとこの点で意見が違う。

── ※ different [ディファレント]

形 違う、いろいろの

My tastes are different from yours.

私の趣味は君のとは違う。

There are different kinds of flowers in the garden.

庭にはいろいろな種類の花がある。

── ★ indifferent [インディファレント]「別になっていない→自他を区別しない→どうでもよい」

形 無関心な・冷淡な

He is indifferent to his clothes.

彼は服装にむとんちゃくだ。

── ☆ difference [ディファレンス]

名 相違

make a difference　差別する、相異を生じる・重要である

── ★ differential [ディファレンシャル]

形 差別的な

differential duties　差別関税

※ offer [オーファ]「of－to：fer（運ぶ）＝～へ持ってくる→提供する」

他動・自動 提供する、申し出る

I offered her my seat.　私は彼女に自分の席を提供した。

He offered to help me.　彼は私を助けると申し出た。

名 提供・申し出

an offer of information　情報の提供

── ☆ offering [オーファリング]

名 奉納・提供

a thank offering （神への）感謝のささげ物

☆ prefer [プリファ～]「pre−before：fer（運ぶ）＝先に持ってくる→好む」

他動 ～より～の方を好む・よいと思う

I prefer spring to fall.　私は秋よりも春が好きだ。

── ☆ preference [プレファランス]

名 好み・好物

What are your preferences?

あなたの好物は何ですか？

── ☆ preferable [プレファラブル]

形 好ましい

Poverty is preferable to ill health.

貧乏は病身よりましだ。

★ infer [インファ～]「in−into：fer（運ぶ）＝心の中に運ぶ」

他動 推測する

What can I infer from these facts?

これらの事実からどんなことが推測出来るか？

☆ transfer [トゥランスファ～]「trans−across（向こうに）：fer（運ぶ）」

他動・自動 移す・運ぶ

transfer a boy to another school

子供を他の学校に転校させる

── ☆ reference [レファレンス]

名 参照、言及

a reference book　参考書

The book has many references to Japan.

その本は日本への言及箇所が多い。

074 ジャッジ ── 判定、判定員

ジャッジは「裁判官・審判員、判定する」、ジャッジメントは「判定」

だ。プリジュデイスとなれば、先立つ判断の意で「先入観、偏見」となる。余談ともなるが、妻夫木聡、北川景子主演の話題の映画、「ジャッジ!」を見た人もいよう。

※ judge [ヂャッヂ]

（名）裁判官、審判員

as grave as a judge　とてもいかめしい

the judges at a flower show　草花品評会の審査員

（他動・自動）判定する、判断する

God will judge all men.　神は万人を裁く。

I judge him (to be) honest.　私は彼を正直だと思う。

（語源）jud − judge（裁判官、裁判する、判断する）より

（類語）

☆ prejudice [プレヂュディス]「pre − before：jud（判断）：ice（名詞語尾）＝先に持つ判断→先入感・偏見」

（名）偏見・先入観

racial prejudices　人種的偏見

☆ judicial [ヂューディシャル]「judici（裁判）：al（形容詞語尾）」

（形）裁判の

the judicial bench　裁判官席、裁判官達

★ judicious [ヂューディシャス]「judic(i)（判断）：ous（形容詞語尾）」

（形）思慮のある・賢い

a judicious selection　賢明な選択

☆ judgement [ヂャヂメント]

（名）裁判、判定

the Judgement Day　最後の審判の日

in my judgement　私の意見では

075 コール ─ 審判の宣告

> コールは「呼ぶ・命じる、呼び声・通話」である。コーリングとなると「呼ぶこと」の他、神の呼びかけ、思し召しの意から「天職・職業」の意味を持っている。野球のコールドゲームを知らない人は少ないと思うが、これは「(中止を) 命じられた」試合なのである。最近でもちょくちょくニュースになるリコールは「呼び戻すこと・撤回」である。

※call [コール]

　　(他動・自動) 呼ぶ、電話する、命じる

　　　　Please call me a taxi.　私にタクシーを呼んで下さい。

　　　　I will call you (up) tomorrow.　明日お電話します。

　　　　call a strike　ストライキを指示する

　　(名) 呼び声、通話

　　　　a call for help　助けを呼ぶ声

　　　　I will give you a call.　お電話します。

── ★calling [コーリング]

　　　　(名) 呼ぶこと、職業 (神の呼びかけ、お召しの意から)

　　　　　　the calling of the roll　点呼

　　　　　　by calling　職業は

── ☆recall [リコール]「re − again」

　　　　(他動) 思い出す、呼び戻す・解任する

　　　　　　recall one's name　名前を思い出す

　　　　　　recall an ambassador　大使を呼び戻す

　　　　(名) 呼び戻すこと、撤回、リコール

076 レディ ── 審判が練習中のプレーヤーに試合の開始をうながす「用意」のコール。「ノットレディ」は構えができていない内にサービスされた場合にプレーヤーがやり直しを求めるアピール

レディは「準備ができている」だ。ファッションのレディメード（既製服）は大方のお馴染みだろう。学習などで使われる「レディネス」は、今や大きな課題となりつつある。一定の準備、用意なくしては、学習は成り立たないのである。

※ ready［レディ］
　　037 レディ・ポジションを参照

077 レット ── 審判の「やり直し」のコール

レットは「妨害・故障」である。サーブしたボールがネットに触れて相手コートに入った場合や、相手側の用意ができていない時にサーブを打ち出した場合などに使われる言葉で、やり直しとなる。

let［レット］
　名 妨害、故障
　　without let or hindrance　何の障害もなく

078 オーバールール ── ラインズマンの判定を正審が変更したり、そのポイントをやり直させること

オーバールールは「取り消す・無効にする」、ルールは「規則・支配、支配する」だ。ルーラーとなれば「支配者」だが、「定規」の意味があることに注意しよう。ルーリングパーティとなれば「与党」である。

★ overrule［オウヴァルール］

┃ 他動 取り消す・無効にする

└── ※ rule［ルール］「原義は定規」

　　　名 規則、支配

　　　　the rules of the road　交通規則

　　　　The country was under British rule.

　　　　　その国は英国の支配下にあった。

　　　他動・自動 支配する

　　　　rule a country　国を治める

　└─ ☆ ruler［ルーラ］

　　　　名 支配者、定規

　　　　　the Roman ruler Julius Caesar

　　　　　　ローマの支配者ジュリアス・シーザー

　　　　　a T-square ruler　T型定規

079 コレクション ── 判定やカウントなどを間違えた場合の「訂正」のコール

コレクションは「訂正」、コレクトは「訂正する」だ。「まっすぐな・正しいの」意の rect を語源とする言葉で、ディレクト（ダイレクト）となると「命令する、真っすぐな」である。ディレクター（映画などの監督・取締役）、ダイレクトリー（住所録・人名録）などは一般的にも使われている。さらに、エレクトとなれば「直立した、直立する」である。ジャワ原人などで知られるホモ・エレクトス（直立原人）をご案内の向きも少なくないだろう。

☆ correction［コレクション］

　　名 訂正・修正

　　　This composition is bad beyond correction.

　　　　この作文は直しようがないほど悪い。

└── ※ correct［コレクト］

形 正しい、適当な・礼儀正しい

a correct answer　正解

correct manners　礼儀正しい作法

他動 訂正する・直す

Correct mistakes, if any.　誤りがあれば訂正しなさい。

語源 cor－fully(全く)：rect(まっすぐな、正しい)→まっすぐにする

類語

☆ **direct** [ディレクト]「di－part(別に)：rect(まっすぐな、正しい)＝別々に正しくする、指図する」

他動・自動 命令する、～を～に向ける

He directed her to keep the secret.

彼は彼女に秘密を守るようにと命じた。

Direct your attention to the signal.　信号に注意しなさい。

形 まっすぐな、直接の

a direct line　直線

a direct tax　直接税

── ☆ **director** [ディレクタ]

名 指導者・取締役、(映画、テレビなどの)監督・ディレクター

a board of directors　取締役会

a stage director　演出家

── ☆ **direction** [ディレクション]

名 指導、命令、方向

under the direction of　～の指導(監督)の下に

give directions　指図する

from all directions　四方八方から

── ☆ **directory** [ディレクトリ]

名 住所録・人名簿・ダイレクトリー

a telephone directory　電話帳

☆ **erect** [イレクト]「e－up(上に)：rect(まっすぐな)」

形 直立した・真直な

   an erect pole　直立した柱

他動 直立させる、建設する

   erect oneself　体をまっすぐにする

   The house was erected thirty years ago.

     その家は30年前に建てられた。

★rector [レクタ]「rect(まっすぐにする)：or(人を表わす名詞語尾)＝人を正し
くする者」

   名 教区長 英・教区牧師 米、(学校・大学などの)校長・学長

---

080 アピール ── 審判の判定や相手のプレーに異議を申し立てること

アピールは「訴え・懇願・魅力、訴える」だ。「追う」の意の peal・
pell を語源とする言葉で、コンペルは「強制する」、エキスペルは
「追い出す」、プロペルは「推進する」、ディスペルは「追い払う」と
なる。いずれも「追う」感じがよく分かる言葉と言えよう。余談とも
なるが、プロペルがプロペラとなれば飛行機などの推進器である。

☆appeal [アピール]

   名 訴え・懇願、魅力

   make an appeal for help　助けを求める

   sex appeal　性的魅力・セックスアピール

   自動・他動 懇願する、訴える、心を引き付ける

   He appealed to me for help.　彼は私に援助を懇願した。

   appeal to arms　武力に訴える

   The picture appeals to me.　この絵は私の気に入っている。

語源 ap－to：**peal・pel**－drive(追う)＝人の心を押し動かす

類語

☆ compel [コンペル]「com－together：pel(追う)＝追い立てて~させる」

（他動）強制する・無理に~させる

I was compelled to work. 私は働かないわけにはいかなかった。

★ compulsory [コンパルサリ]

（形）強制的な・義務的な

compulsory education 義務教育

★ expel [イクスペル]「ex－out：pel(追う)＝外へ追う」

（他動）追い出す

He was expelled from school. 彼は退学させられた。

★ propel [プロペル]「pro－forward：pel(追う)＝前へ追う」

（他動）押す・推進する

This ship is propelled by steam. この船は蒸気で進む。

★ propeller [プロペラ]

（名）(飛行機などの)推進器・プロペラ、推進者

★ dispel [ディスペル]「dis－away：pel(追う)＝向こうの方へ追う」

（他動）追い払う

The rising sun dispelled the mist.

朝日が霧を追い払った。

★ impel [インペル]「im－forward：pel(追う)＝前の方へ追う」

（他動）押し進める、無理に~させる

The wind impelled our boat out to sea.

風が私たちのボートを沖へ押し出した。

What impelled him to do so? 何が彼にそうさせたか。

★ repel [リペル]「re－back：pel(追う)＝追い返す」

（他動）追い払う、はね付ける

repel an enemy 敵を追い払う

repel a suggestion 提案をはね付ける

081 ダイレクト ── サービスがノーバウンドでレシーバーの体やウエア、ラケットに
触れた場合で、レシーバーの失点となる。コート外でノーバウン
ドのボールにラケットが触れた場合も同じ

ダイレクトは「直接の」の意だ。テニスでは、まずサービスはワン
バウンドした後で打たなければいけないのだ。

☆direct［ディレクト］
　　　079 コレクション参照

082 スルー ── ボールがネットの網目を抜けて相手のコートに入ることで、無効

スルーは「通して・終わりまで、〜を通って」だ。最近では「無視す
る・パスする」の意味で「スルーする」が用いられていると聞く。
野球やゴルフなどの球技では「フォロースルー」がよく用いられて
おり、ゴルフには「スルー・ザ・グリーン」のルールもある。

※through［スルー］
　　　031 フォロースルー参照

083 インジュリー（タイム） ── 怪我の手当てをするために試合中に与えられる3分
間の休憩時間

インジュリーは「負傷・損害」、インジュアーは「傷つける」だ。こ
れがジュリストとなると「法律専門家・法律学者」である。法律に
関係している人なら法律関係の専門誌「ジュリスト」を知らないは
ずがない。

☆injury［インヂュリ］
　　┃ **名** 負傷、損害

the injury to one's head　頭部の負傷

This is an injury to our health.　これは健康に良くない。

語源 in‑not：**jury**‑right（正しい）、law（法）

類語

☆ jury [**ヂュー**リ]

　　名 陪審（ばいしん）・陪審員

　　a trial by jury　陪審裁判

── ★ jurist [**ヂュー**リスト]

　　　　名 法律専門家（弁護士・裁判官など）、法律学者（学生）

── ★ jurisdiction [ヂューリス**ディ**クション]

　　　　名 司法権・支配権

　　　　have jurisdiction over　～を管轄する

── ★ juror [**ヂュー**ラ]

　　　　名 陪審員・審査員

── ☆ injure [**イン**ヂャ]

　　他動 傷つける、（感情などを）害する

　　injure one's eyes　目をけがする

　　injure a friend's feelings　友人の感情を害する

084 （ポイント）ペナルティ ── ゲームを遅延させたり、言動がマナーに著しく反する
　　　　　　　　　　　　　　　など、プレーヤーの態度が非常識な場合、審判が課す
　　　　　　　　　　　　　　　る1ポイントのペナルティ。違反の重さや頻度により
　　　　　　　　　　　　　　　1ゲームのペナルティが課される場合もある

ペナルティは「罰・罰金」だ。サッカーのペナルティキックが分かり
やすい用例だろう。最近、ペインクリニックが盛んと聞くが、この
ペイン（苦痛）につながっている。罰は痛いものと昔から相場が決
まっているのだ。さらに、パニッシュとなれば「罰する」である。

☆**penalty** [ペナルティ]

  名 罰・罰金

    death penalty　死刑

語源 pen・pun － pain（苦痛、罰）より

類語

☆**pain** [ペイン]

  名 苦痛、骨折り

    He cried with pain.　彼は痛くて泣いた。

    No pains, no gains.　苦は楽の種。《諺》

  他動・自動 苦痛を与える

    My cut knee pains me.　傷ついたひざが痛む。

  ☆**painful** [ペインフル]

    形 痛い、骨の折れる

      a painful cut in the finger　指の痛い切り傷

      a painful duty　苦しい務め

☆**punish** [パニッシュ]

  他動 罰する

    punish a person with (by) death　人を死刑に処する

  ☆**punishment** [パニシュメント]

    名 罰

      physical punishment　体罰

☆**repent** [リペント]「re － again」

  自動・他動 後悔する・悔い改める

    He has nothing to repent of.　彼は後悔することは何もない。

    He repented his sin.　彼は罰を悔い改めた。

★**penal** [ペナル]

  形 刑罰の、刑事上の

    the penal code　刑法

6 コート・用具

085 コート ── テニスの試合場、庭球場

> コートは「宮廷・法廷・中庭」だ。テニスが最初宮廷の中庭におい
> て行われたことに由来すると聞く。同様に、コートハウスは「裁判
> 所」で、さらにコーティシイとなれば「礼儀」となるのである。

☆ court [コート]「原義は宮廷の庭」

名 宮廷、法廷（宮廷の庭で裁判が行われた）、中庭

the Court of St. James's 聖ジェームス宮

a court of law 裁判所、法廷

Children can play safely in the court.
子供たちは中庭で安全に遊べる。

他動・自動 きげんを取る・言い寄る（宮廷でよく行われことから）

He had been courting her for six months.
彼は半年間もの間彼女に言い寄っていた。

── ★ courteous [カ〜ティアス]

形 礼儀正しい・親切な

It's courteous of you to write a letter.
お手紙をいただきありがとうございます。

── ☆ courtesy [カ〜テスィ]

名 礼儀・親切

with courtesy 礼儀正しく

── ★ courthouse [コートハウス]

名 裁判所

── ★ courtyard [コートヤード]

名 中庭

086 グラス(コート) ── 芝生のコート。球足が早く、ボールが弾まないので、強力な
サーバーに有利とされている

グラスは「草・芝生」だ。余りにも簡単のようだが、グリーン (緑
色、緑の) に繋がり、さらに、グロー (成長する)、グロース (成長)
にもつながっている。株式に関心のある人ならグロース株を知って
いよう。成長性の高い株である。余談ともなるが、蛍光灯の点灯
管、グロー球も付けておこう。

※ grass [グラァス]「greenになるが原義」

   名 草、芝生

     cut the grass　草を刈る

     Keep off the grass.　芝生に入るべからず。

── ※ green [グリーン]

     形 緑の、未熟の

       green fields　青々とした田畑

       He is still green at this job.

         彼はまだこの仕事に慣れていない。

     名 緑色、緑色野菜、草地

       They crossed on green.　かれらは青信号で渡った。

       Eat greens for your health.

         健康のために野菜を食べなさい。

       a village green　村の共有緑地

── ※ grow [グロウ]「green になるが原義」

     自動・他動 (grew, grown) 成長する

       My hair has grown.　私の髪は伸びた。

── ☆ growth [グロウス]

       名 成長、増加

         the growth of industry　産業の発達

         the growth of population　人口の増加

087 クレー（コート）── 赤土のコート。コートの表面に粘土と山砂をまぜたものが
　　　　　　　　　　　敷かれている。球足が遅く、グラウンド・ストロークに向い
　　　　　　　　　　　ている

クレーは「粘土」だ。余りにも簡単なので、余談としてクレー射撃
（クレー・ピジョン・シューティング）を付けておこう。粘土で作っ
た標的を撃つのである。

☆ clay [クレイ]
　　名 **粘土、肉体**（神が土で人を作ったといわれるところから）
　　　　potter's clay　陶土
　　　　a man of common clay　世間並みの人

088 パーマネントフィクスチャー ── ネット、ポスト、ベンチ、審判台などコートの常
　　　　　　　　　　　　　　　　設設備

パーマネントフィクスチャーは「常設設備」、パーマネントは「永続
的な」である。髪のパーマネントウエーブは分かりやすい用例だろ
う。「保つ・留まる」の意のmanを語源とする言葉で、リメインと
なれば「残る」で、意外にもマンションにも繋がっている。フィクス
チャーは固定するものの意で「備品・家具」である。映画などで多
くの場合悪役が演じるフィクサーにも繋がっている。

☆ permanent [パ〜マネント]
　　形 **永続的な・不変の**
　　　　a permanent wave　パーマネント（パーマ）

語源 per－completely（完全に）：**man**－remain（残る、とどまる）：ent（形
容詞語尾）
類語

☆ mansion [マァンション]「man（とどまる）：sion（名詞語尾）」

名 大邸宅・やかた

the Mansion House　ロンドン市長公邸

☆ manor [マァナ]

名 （封建時代の）荘園・領地

the lord of the manor　領主

※ remain [リメイン]「re－back（後ろに）：main－man（残る）」

自動 残る・とどまる、〜のままでいる

remain at home　（外に出ないで）家にとどまる

He remained single all his life.　彼は一生独身を通した。

── ☆ remainder [リメインダ]

名 残り（物）

the remainder of one's life　余生

── ★ remains [リメインズ]

名 残り（物）、遺物・遺跡

the remains of a picnic　ピクニックの残り物

historic remains　史跡

☆ fixture [フィクスチャ]

名 定着物・家具・備品

lighting fixture　照明設備

── ※ fix [フィクス]

他動・自動 固定させる、決める

fix a net　網を張る

fix prices　値段を決める

── fixer [フィクサ]

名 固定する物、事件をもみ消す人・悪徳仲介人・フィクサー

スタンドは「台・売店・観客席、立つ」だ。古来、観客は立ってゲームを観戦したのだ。スタンダードとなれば「標準」で、音楽のスンダードナンバーが分かりやすい用例だろう。さらにスタンスとなれば「足の位置・姿勢」で、多くの重要単語につながっていることは **035** スタンスの項で示した通りである。動詞として「立つ」のほか「耐える」の意味があることにも注意しよう。

※ stand [ス**タ**ァンド]

名 〜台、売店、観覧席

an umbrella stand　傘立て

a newsstand　新聞販売店

We sat in the stands to watch the game.

　我々はその試合を観戦するために観覧席にすわった。

自動・他動 (stood, stood) 立つ・立たせる、耐える

Horses stand on all fours.　馬は四つ足で立つ。

He stood his umbrella against the wall.

　彼は雨傘を壁に立てかけた。

I cannot stand this hot weather.

　私はこの暑さに耐えられない。

── ☆ standard [ス**タ**ァンダド]「stand する場所・点」

名 標準、(度量衡・貨幣制度の)基本単位、(音楽)スタンダードナンバー

the standard of living　生活水準

the gold standard　金本位制

── ★ standpoint [ス**タ**ァンドポイント]「stand：point(点)」

名 立場・見地

from an educational standpoint　教育上の見地から

── ★ withstand [ウィズス**タ**ァンド]「with−against：stand(立つ)＝抵抗する」

他動 抵抗する・耐える

withstand an attack　攻撃に耐える

── ☆ outstanding [アウトスタァンディング]「out：standing」

形 目立つ・顕著な

an outstanding fact　目立った事実

── ☆ stance [スタァンス]

035 スタンスの項参照

090 サーフェイス ── コートの表面。大別して、ハードコート、クレーコート、グラス
コート、人工芝コート、カーペットコートの5種類がある

サーフェイスは「表面」、フェイスは「顔」だ。SNSでお馴染みの
フェイスブックを知らない人はいないだろう。やや専門的になるが、
ファセットとなれば「宝石の切子面」である。

☆ surface [サ〜フェス]

名 表面

the surface of the water　水面

語源 sur − over（上の）：face（顔、表面）

類語

※face [フェイス]

名 顔、表面

She has a round face.　彼女は丸顔だ。

the face of the moon　月面

── ★ facet [ファスィット]

名 （物事などの）面・（宝石などの）面

many facets of a problem　問題のいろいろな面

deface [ディフェイス]「de − down（悪くする）：face→（外観を）汚す」

他動 外観を汚す

efface［イフェイス］「e－ex（out）：face＝表面から除く→消す」

他動 消す・削除する

efface a word　一語を削除する

---

091 デッド（ゾーン）── サービスラインとベースラインの間の地域。ここは一般的
には攻撃にも守備にも適さない区域とされている

デッドは「死んだ・活気のない・無効の」だ。これに繋がるデスマス
クのデス（死）、ダイイングメッセージのダイ（死ぬ）はご案内の向
きも多かろう。全くの余談ともなるが、一般的にデッドゾーンとい
えば、海や湖沼で発生する無酸素、貧酸素の水域を指すと聞く。

※ **dead**［デッド］

形 死んだ、活気のない、全くの、（球技）無効の

Dead men tell no tales.　死人に口なし。《諺》

dead water　よどんだ水

a dead loss　丸損

副 全く・すっかり

be dead asleep　ぐっすり眠っている

── ※ **death**［デス］

名 死・死亡

He was burnt to death.　彼は焼け死んだ。

── ※ **die**［ダイ］

自動・他動 死ぬ・枯れる

The flower died at night.　花は夜になって枯れた。

116

092 アレー ── シングルスのサイドラインとダブルスのサイドラインとの間の細長
い区域

アレーは「通路・路地」だ。まあ、ボーリングのアレーが一番分か
りやすい用例だろう。テニスと同様にシングルスとダブルスが同一
のコートで行われるバドミントンにもある。

★ alley [アリー]
　　名 通路・路地
　　　blind alley　袋小路

093 フレーム ── ラケットの枠

フレームは「枠、組み立てる」だ。カメラのフレーム、眼鏡のフレー
ムあたりが分かりやすい用例だろう。フレームワークとなれは「骨組
み」であるが、フレームアップとなれば「でっち上げ・陰謀」である。

☆ frame [フレイム]
　　名 骨組み、わく
　　　the frame of an airplane　飛行機の機体
　　　a picture frame　額縁
　　他動・自動 組み立てる、枠をはめる
　　　frame a sentence　文を作る
　　　frame a picture　絵を額縁に入れる
　── frame−up [フレイムアップ]
　　　　名 でっち上げ・陰謀
　── ☆ framework [フレイムワ〜ク]
　　　　名 枠組み・骨組み・フレームワーク
　　　　　a steel framework　鉄骨

094 ガット ── ラケットのフレームに張る糸。古くはシープガット（羊腸）をよりあわせたものを使ったことによるもので、現在はナイロンなどの合成繊維が用いられている。特殊な打球が出ないよう、交互に交差するように張ることがルールで定められている

ガットは「腸・腸線・中身」、弦楽器などのガットと同じである。複数形のガッツとなれば「根性」だ。ガッツポーズはお馴染みだろう。ブラインドガットとなれば「盲腸」である。

☆ gut［ガット］

名 腸、中身、根性・ガッツ、（ラケット・弦楽器などに用いる）**腸線・ガット**

the blind gut　盲腸

This statement has no guts in it.　この声明は中身がない。

He has plenty of guts.　彼はなかなか根性がある。

095 ストリングス ── ガットと同じ

ストリングスは「糸・弦」。オーケストラのストリングス（弦楽器）と同じである。

☆ string［ストリング］

名 糸、（弓の）**つる・**（弦楽器の）**弦**

nylon string　ナイロンのひも

a G string　（バイオリンなどの）G線

他動・自動（strung, strung）**糸を通す、弦を張る**

string beads　ビーズに糸を通す

string a tennis racket　テニスラケットにガットを張る

tringy［ストリンギ］

形 筋の多い

118

テンションは「緊張」、テンドは「世話をする・～する傾向がある」だ。「引っ張る・広がる」の意の tend を語源とする言葉で、アテンドは「世話をする」、コンテンドは「争う」、エクステンドは「伸ばす」、プリテンドは「～のふりをする」、インテントは「～するつもり」である。飛行機のアテンダント（付き添い）、酒場のバーテンダー、ボクシングのコンテンダー（挑戦者）などは日常的にも用いられている。おまけに、アメリカンポップスの大ヒット曲「プリテンド」、テレビドラマの「アテンション・プリーズ」を付けておこう。

☆ tension［テンション］

名 ぴんと張ること、緊張

the tension of a rope　綱の張り

He was under great tension.　彼はたいへん緊張していた。

☆ tend［テンド］

自動 ～する傾向がある

He tends to be lazy.　彼はとかくなまけがちだ。

他動 世話をする

tend the sick　病人を看護する

語源 tend（～の方へ引っ張る、広がる）→心をあるものに広げる

類語

☆ attend［アテンド］「at－to：tend（張る）＝～に向かって心を張る→心を配る＝世話をする、出席する」

他動・自動 出席する、世話をする

attend school　学校へ通う

attend a patient　病人の世話をする

☆ attendance［アテンダンス］

名 出席・出席者、付き添い

Attendance is very good today.

今日は出席状況がよい。

Two nurses are in attendance on him.

二人の看護婦が彼に付き添っている。

── ☆ **attendant** [アテンダント]

形 付き添いの・附随する

an attendant nurse　付き添い看護婦

── ※ **attention** [アテンション]

名 注意、世話・手当

pay attention to　～に注意を払う

You need medical attention.

君は医者の手当が必要だ。

☆ **contend** [コンテンド]「con‐together(共に)：tend(張る)＝共に張り合う→競う」

自動・他動 競う・争う

contend with a rival for a prize　競争者と賞を争う

── ☆ **contender** [コンテンダ]

名 挑戦者・(ボクシング)コンテンダー

☆ **extend** [エクステンド]「ex‐out(外へ)：tend(広げる)＝外へ伸ばす」

他動・自動 伸ばす、拡張する

extend one's arms　両腕を伸ばす

extend a business　事業を拡張する

── ☆ **extension** [エクステンション]

名 延長・拡大

the extension of knowledge　知識の拡大

── ☆ **extensive** [エクステンスィヴ]

形 広い・大規模な

an extensive plan　大規模な計画

── ☆ **extent** [エクステント]

形 広がり、範囲

a vast extent of land　広大な土地

This is true to some extent.

ある程度までこれは真実だ。

☆ **pretend** ［プリテンド］「pre－before：tend(広げる)＝(人の)前に広げて見せる→見せかける」

(他動・自動) **〜のふりをする**

He pretended to listen to her.

彼は彼女の話を聞いているふりをした。

☆ **intend** ［インテンド］「in－to：tend(広げる)＝〜の方へ心を広げる」

(他動) **〜するつもりである、〜させるつもりである**

I intend to go to Kyoto.　私は京都に行くつもりです。

Her father intends her to be a pianist.

彼女の父親は彼女をピアニストにするつもりである。

── ☆ **intention** ［インテンション］

(名) **意図**

He has no intention of doing it.

彼はそれをする意志はない。

── ☆ **intent** ［インテント］

(名) **意図**

What is the intent of his talk?

彼の話の意図は何か。

── ☆ **tendency** ［テンデンスィ］

(名) **傾向、性向**

a tendency toward luxury

ぜいたくに流れる傾向

He has a tendency to eat too much.

彼は食べすぎる癖がある。

── ☆ **tense** ［テンス］

(形) **ぴんと張った、緊張した**

a tense rope　ぴんと張った綱

She seems very tense.

　　　彼女はとても緊張しているようだ。

097 ラフ ― ラケットのガットの裏側で、かがり糸が粗い

ラフは「粗い」だ。ラフな服装、ラフプレー、ラフ原稿などと使われることが多い。まあ、ゴルファーならラフは必ずご厄介になるところだ。

☆ rough [ラフ]

　　形 粗い、荒天の、乱暴な

　　　rough cloth　ざらざらした布

　　　The sea is rough.　海は荒れている。

　　　a rough sports　荒っぽいスポーツ

　　名 粗いもの、未加工品、原稿、(ゴルフ)ラフ

　　☆ roughly [ラフリ]

　　　　副 手荒く、おおよそ

　　　　The doctor treated me roughly.

　　　　　医者は私を手荒く扱った。

　　　　roughly speaking　おおざっぱに言えば

098 スイート・スポット ― ラケットの芯、最適打球点

スイートは「甘い」だ。取り敢えずスイーツ (甘い物) の他に、スイートピー (エンドウ豆)、スイートポテト (サツマイモ) を用例として挙げておこう。スポットの方はスポットライト、スポットニュースでいいだろう。

※ sweet [スウィート]

形 甘い、おいしい、楽しい

This cake is too sweet. このケーキは甘すぎる。

sweet dishes おいしい料理

a sweet home 楽しい家庭

名 甘い物・砂糖菓子、(～s)愉快・快楽

Have another sweet. キャンディをもう一つ取りなさい。

the sweets and bitters of life 人生の苦楽

── ★sweet potato [スウィートポテイトウ]

名 さつまいも

── ★sweetheart [スウィートハート]

名 (特に女性の)恋人・愛人

── sweet pea [スウィートピー]「pea(えんどう豆)」

名 スイートピー(の花)

☆spot [スパット]

名 地点、汚点・しみ

a fishing spot 釣り場

a spot of ink インクのしみ

形 即座の

a spot answer 即答

── ☆spotlight [スパットライト]

名 集中照明・スポットライト

── spot news [スパットニューズ]

名 ニュース速報・スポットニュース

099 スロート ── ラケットの首の部分

スロートは「喉・食道」だ。米政界の大スキャンダル、ウォーターゲート事件の謎の内部告発者、ディープスロートをご案内の向きは多いだろう。カーマニアならスロットル (絞り弁) を知っていよう。

☆ throat [スロウト]

名 のど・食道

My throat is dry. のどが渇いた。

★ throttle [スラットル]

名 《機械》絞り弁・スロットル

● 著者プロフィール

小林一夫

1938年東京生まれ。千葉県習志野市在住。日本学園中学校、開成学園高等学校、東京大学、東京都立大学卒業。大日本インキ化学工業（現DIC）広報部長を経て、川村記念美術館、華服飾専門学校、華ビジネス専門学校、日本スクールシステム機構などに在籍。IIE（目標達成型セルフコーチング）インストラクター。現在、習志野スコーレ企画代表。著書・講演多数。
https://schole-kikaku.com

● 主なる著書
『カタカナ語で覚える重要英単語2000』講談社α文庫／電子書籍にて配信中
『カタカナ語で覚える重要語源200・重要単語1800』
　東京図書出版会／電子書籍にて配信中
『野球ファンのための面白くてタメになる英単語読本』文芸社
『スポーツから学べるらくらく英単語読本』パレードブックス
『音楽から学べるらくらく英単語読本』パレードブックス
『エンタメから学べるらくらく英単語読本』パレードブックス
『ファッションから学べるらくらく英単語読本』パレードブックス
『サッカーから学べるらくらく英単語読本』パレードブックス

得意を活かす英単語帳シリーズ VI
for テニスファン・テニス部員
テニスから学べるらくらく英単語読本

2023年8月21日　第1刷発行

著　者　小林一夫
　　　　こばやしかずお

発行者　太田宏司郎
発行所　株式会社パレード
　　　　大阪本社　〒530-0021　大阪府大阪市北区浮田1-1-8
　　　　　　　　　TEL 06-6485-0766　FAX 06-6485-0767
　　　　東京支社　〒151-0051　東京都渋谷区千駄ヶ谷2-10-7
　　　　　　　　　TEL 03-5413-3285　FAX 03-5413-3286
　　　　https://books.parade.co.jp

発売元　株式会社星雲社（共同出版社・流通責任出版社）
　　　　　　　　　〒112-0005　東京都文京区水道1-3-30
　　　　　　　　　TEL 03-3868-3275　FAX 03-3868-6588

印刷所　創栄図書印刷株式会社

本書の複写・複製を禁じます。落丁・乱丁本はお取り替えいたします。
©Kazuo Kobayashi　2023　Printed in Japan
ISBN 978-4-434-32091-0　C0082